Verena Nowak

Universum der Edelsteine

VN-Verlag, 9443 Widnau

Herausgeber: VN-Verlag, CH-9443 Widnau, Fax 071/72 20 76
Autor: Verena Nowak, 6460 Altdorf
Fotoaufnahmen: R. Gasser AG, 9400 Rorschach
Satz und Redaktion: Ursula Schneider
Gestaltung, Grafik und Druck: RDV, Rheintaler Druckerei und Verlag AG, 9435 Heerbrugg
Printed in Switzerland
ISBN 3-9520777-0-4

INHALTSVERZEICHNIS

Katze Labroadorit

VORWORT

Esoterik ist eine schöne Bewegung unserer Zeit, denn obwohl sie wegen missbräuchlicher Anwendungen und Fanatismus schon ins Kreuzfeuer der Kritik geraten ist, öffnet sie doch dem Menschen, der sich damit beschäftigt, Einblick in die feinstofflichen Gegebenheiten seiner Existenz. Die Fragen nach dem Sinn und Zweck des Lebens, emotionale Probleme und Erlebnisse in der Gefühlswelt werden behandelt, immer in der Hoffnung, dass der Mensch zu seiner Ganzheit, seiner Einheit mit dem Universum zurückfinden möge und ihm so ein schöneres Leben im Bewusstsein einer Verwurzelung beschieden sein möge.

Einen wichtigen Bestandteil im Thema Esoterik bilden Edelsteine, eine Gabe Gottes. Sie sind vielfältig, farbenprächtig, vollkommen edel und schön, bis unerklärbar. Ihre Schönheit gleicht der Welt der Blumen, ihr Anblick und ihre Farbskala sollen uns erfreuen, besinnen, regenerieren und entspannen. Die Freude an den Farben der Welt soll uns allgemein an die echten Werte des Lebens erinnern. Man erfreut sich an Edelsteinen als Schmuckgegenstände, im Rohzustand, als Glücks- oder Handsteine oder trägt sie als Sinnbild für Schönheit als Schmuck.

Als weiterer Aspekt tritt noch die Wechselwirkung hinzu, wobei die feinstofflichen Eigenschaften der Edelsteine auf den materiellen menschlichen Körper einwirken. Im Bereich der Farben ist die Benutzung dieser Wirkung (z.B. Rot wirkt aktivierend, Grün beruhigt) bereits in der medizinischen Anwendung fortgeschritten. Daneben gibt es auch eine physikalische Erklärung für die Erfassung dieser Wirkungen oder Kräfte. Sämtliche materiellen und organischen Strukturen beziehen ihre Eigenschaften aus speziellen Energieschwingungen, und im Rahmen der Schwingungsresonanz können sie sich gegenseitig beeinflussen.

Genauso wie die Energie, die den Ursprung der Welt ausgelöst hat, sich noch nicht manifestiert hat, ist es der Menschheit noch nicht möglich, die Schwingungen der Edelsteine genau zu bestimmen und zu messen. Eine mangelnde wissenschaftliche Bestimmung ist jedoch kein Beweis für das Nichtvorhandensein dieser Strahlung.

Die Wirkung auf Körper und Geist des Menschen ist sehr subtil, nicht nachvollziehbar und deswegen auch individuell verschieden. Für die konkrete Anwendung von Edelsteinen zur Heilungen von Disharmonien in Körper und Geist gibt es kein Patentrezept. Jeder muss den Weg selber gehen, herausfinden was ihm Hilfe bringt, zu welchen Edelsteinen er Zugang findet, welche ihm entsprechen. An erster Stelle steht immer die Freude an ihrer Beschaffenheit, die Beschäftigung mit ihrer Materie, die Liebe zu den Edelsteinen. Mit der Freundschaft wächst die Beziehung, die Wahrnehmung der feinstofflichen Gegebenheiten und der Einfluss der Steine auf das Leben.

Ich hoffe, dass dieses Buch dem Menschen Hinweise betreffend der unzähligen Richtungen der Wirkweise der Edelsteine geben kann. Es soll das Näherkommen und die Beziehung erleichtern und fördern und birgt so hoffentlich eine wertvolle Hilfestellung für Mineralien-Interessierte. Mein Wissen beziehe ich aus intensiver Beschäftigung mit der Materie, kombiniert mit Kursen und Ausbildungen, sowie aus eigenen Erfahrungen, die ich im Laufe der Zeit gesammelt habe und aus alten Überlieferungen.

Die Edelsteinheilkunde entfaltet ihre Möglichkeiten im körperlichen wie im seelischen Bereich. Die Konzentration auf die physische Heilung ohne Berücksichtigung der emotionalen Verfassung des Patienten ist heute in der Allgemeinmedizin bereits umstritten, genauso lässt sich dies auf die Heilung mittels Edelsteinen umlegen. Um entstandene Schäden oder Leiden im Körper anzugehen, wenden Sie sich bitte als Erstes an Ihren Hausarzt. Zur Unterstützung einer Therapie, Einheit von Körper und Geist, seelischer Gesundheit und Vorbeugung für Krankheiten möchte ich jeden dazu ermuntern, sich mit Edelsteinen zu befassen.

Verena Nowak

DIE GESCHICHTE DER EDELSTEINE

Als «Wundersteine» wurden Mineralien schon im 4. Jahrtausend vor Christi von den Sumerern in ihren Aufzeichnungen benannt. Bereits zu dieser Zeit waren die subtilen Wirkungen der Edelsteine den Menschen bekannt. Die Anwendung als Schmuck, Heilsteine, Glücksbringer oder Grabbeigaben lässt sich über Jahrtausende und auf den verschiedensten Kontinenten nachweisen. Alle bekannten Hochkulturen verehrten sie für ihre Schönheit, ihren Schutz und ihre Wirkung auf Körper und Seele.

Im alten Ägypten waren sie unentbehrlich für Herrscher und Priester, beim Tode nahm man diese mit ins Grab. Könige aller Kulturen und Kontinenten fühlten sich seit jeher verbunden mit Edelsteinen, die reichen Schätze aus alter Zeit belegen dies. Ihre Kronen waren reich geschmückt mit Smaragden, Diamanten, Saphiren und ähnlichen Kostbarkeiten.

Die Eingeborenen Amerikas haben sich ihren Glauben an die Heilkraft der Edelsteine bis heute bewahrt und diesen überliefert. Fundiertes Wissen über jenes Thema stammt von dieser hochstehenden Kultur. Schon immer tragen die Indianer ihre Steine im Medizinbeutel mit sich, fertigen Schmuck daraus und meditieren damit. Sie sind davon überzeugt, dass der Kristall die Ur-Energie, die Lebenskraft in sich trägt, ja dass alles bewusste Leben daraus entspringt.

Auch im Alten Testament lassen sich Hinweise auf die wundersamen Kräfte der Steine finden. Kirchen wurden zu jeder Zeit damit geschmückt und prachtvoll verziert. Mit dem Beginn von Wissenschaft und technischem Fortschritt unserer Epoche ging das Wissen über die Heilkraft praktisch verloren. Was nicht sichtbar oder rational erfassbar ist, gilt nicht als wahr. Welche Lücke dieses Verleugnen einer Ur-Energie, einer Verwurzelung im Universum im Menschen hinterlässt, zeigt zum Beispiel die grosse Zahl an psychischen Leiden oder die hohen Selbstmordraten auf der ganzen Welt.

Wir müssen wieder zu einem Glauben finden, die Ewigkeit des Lebens in uns fühlen. Als Helfer auf diesem Weg stellt sich uns die Natur mit all ihren Schätzen zur Verfügung. Ob man die steigende Bewusstseinsveränderung der Menschen in der Jetztzeit nun Esoterik nennen will oder unter welchen Namen man diese Bewegung auch immer stellt – jede Erweiterung des Verständnisses für die kosmischen Zusammenhänge wirkt harmonisierend.

Bergkristall-Kreuze (sehr seltene Erscheinungsform)

Kristallmeditation

Klarer Quarzkristall singt einen klaren Quarzklang.
Dimensionen treffen sich, Achsen drehen sich.
Lebendes Wesen, bewusstes Denken
Singen einen Kristallgesang
Schneller als Lichtgeschwindigkeit.
Eine sich bewegende Flüssigkeit, die ruhig erscheint,
Siliciumdioxid, Paarung der Formen.
Kristall verstärkt
Das Lied, das ist.

Kristall ist ein Lebewesen,
Ein Freund im Rad des Lebens –
Der ewig das heilige Lied singt,
Dir Wege zeigt, umzuwandeln.

Licht des Vollmondes, Licht des Neumondes,
Zeiten der Widmung.
Tanze das spiralenförmige Licht.
Neumondlicht, Vollmondlicht,
Widme den heiligen singenden Stein,
Widme Deinen Zweck,
Um klaren Geist hervorzubringen.

Hast Du gehört
Den Pulsschlag der Erde?
Atme ein, atme aus
Träume des Friedens.

VON DHYANI YWAHOO, CHEROKEE-INDIANERIN,
AUS «AM FEUER DER WEISHEIT»
(THESEUS TERLAG)

ANWENDUNG UND PFLEGE

Wer sich einen Edelstein als Begleiter wünscht, sollte diesem auch Sorge tragen. Die Kräfte werden aktiviert, wenn sein Träger offen ist für dieses Geschenk der Natur, sein Herz mit Liebe und Wertschätzung für diese Helfer gefüllt ist. Mit positiven Gedanken und Meditation kann der Mensch die Schwingungen fördern und beeinflussen.

Aber auch äusserlich sollten die Steine gepflegt werden, um einen zu schnellen Verlust von Glanz oder Kraft zu verhindern. Alle Mineralien, mit denen man sich beschäftigt, sollte man von Zeit zu Zeit in klarem Wasser waschen, ca. 3 Minuten lang. Findet sich eine saubere Quelle, sollte man diese dem Wasserhahn vorziehen. Die äussere Reinigung regeneriert den Stein auch feinstofflich. Den Edelsteinen, denen unsere besondere Aufmerksamkeit gilt, kann auch mitunter ein Bad im Meersalz nützen.

Die Schwingungen des Kristalls werden durch Klang, Wärme und Druck aktiviert. Zum Erforschen dieser Energie hält man zum Beispiel einen Quarz an der Längsachse und übt mit den Fingern einen leichten Druck aus. Daraufhin kann man die Energiewellen spüren, die leicht gegen die Finger zurückdrücken. Ein Sonnenbad auf Ihrem Fensterrahmen wird den Stein reaktivieren und aufladen.

Es kommt vor, dass die Steine nach häufigem Gebrauch oder langem Tragen brüchig, trüb oder spröde werden. Dann haben sie meist ihren Dienst getan, und verdienen es, der Erde wieder zurückgegeben zu werden, indem man sie eingräbt. Sie können dadurch ihre Kraft aber auch wiedererlangen.

Wenn man bedenkt, was diese Träger von Licht und Klarheit der Menschheit geben können und wollen, so ist es doch eine Kleinigkeit an Pflege der sie bedürfen. Ansonsten wollen sie Freude bereiten, an einem schönen Platz aufgestellt, getragen oder in der Hand gehalten werden.

ACHAT

Gruppe:	Quarz	**Ritzhärte:**	6,5–7
Farbe:	Blau, grau, braun rosa, schwarz	**Mineralstoffe:**	Silicium-Dioxid
Fundorte:	Brasilien, China, Ural, Mexiko, Deutschland, Botswana		

Achat vermittelt seinem Träger Schutz und Geborgenheit, aber auch dessen Heim und Umgebung soll geschützt sein, wenn man ihn darin aufstellt. Für einen Neuanfang bringt uns der Achat Mut und Kraft, er löst Blockaden und seelische Verspannungen.

Gesundheit:
Dieser Stein schützt das noch ungeborene Leben, eine Achat-Scheibe auf der Stirn hilft, Fieber zu senken. Weiters bewahrt er uns vor Augenproblemen und stärkt die Sehnerven. Er gilt als sprachfördernd.

Chakra-Zuordnung:
Sakral-Chakra

Sternzeichen-Zuordnung:
Skorpion, Stier

Verbindung mit Bachblüten:
Knospe der Rosskastanie – die Lernblüte. Für Menschen, die Erfahrungen nicht richtig verarbeitet haben oder mit den Gedanken immer 2 Schritte voraus sind.

AMAZONIT

Gruppe: Feldspat

Ritzhärte: 6–6,5

Farbe: Grünblau

Mineralstoffe: Kalium-Aluminium-Silikat

Fundorte: Colorado/USA, Madagaskar, Ural, Brasilien, Südwestafrika, Indien.

Der **Amazonit** befreit, denn er will seinen Träger Gelassenheit lehren. Er schenkt Leichtigkeit und Freude am Sein und fördert zwischenmenschliche Kontakte.

Gesundheit:
Der Amazonit ist ein Stein, der uns ganz allgemein stärkt – körperlich wie geistig. Er löst Verspannungen aller Art und wirkt Herzproblemen entgegen. Ein Stein, der Lebenskraft spendet.

Chakra-Zuordnung:
Herz-Chakra

Sternzeichen-Zuordnung:
Wassermann

Verbindung mit Bachblüten:
Kirschpflaume – die «Loslass-Blüte» bietet positive Entwicklungsmöglichkeiten, Mut, Kraft, Spontanität, innere Entkräftung, Gelassenheit in angespannten Situationen.

AMETHYST

Gruppe: Quarz

Ritzhärte: 7

Farbe: Hell- bis dunkelviolett

Mineralstoffe: Silicium-Dioxid

Fundorte: Brasilien, Colorado/USA, Madagaskar, Uruguay, Ural, Indien

Amethyst öffnet uns, er zeigt uns den Weg in unser Unterbewusstsein. Ausserdem reinigt und schwächt er unsere Emotionen ab – so dass sie keinen Schaden bei anderen Menschen oder in der Folge auch bei uns auslösen können. Menschen, die sich leicht von anderen aus dem Gleichgewicht bringen lassen, sollen diesen Stein über längere Zeit tragen – er stärkt sie in sich selbst.

Gesundheit:
Amethyst belebt das Kind im Mutterleib, und fördert die Beziehung Seele und Körper in dem entstehenden Wesen. Über die betreffende Stelle gehalten, wirkt er Kopf- und Magenschmerzen entgegen. Menschen, die zu unruhigem Schlaf oder Alpträumen neigen, sollten sich mit diesem Stein befassen.

Chakra-Zuordnung:
Scheitel-Chakra

Sternzeichen-Zuordnung:
Widder, Jungfrau, Schütze, Skorpion, Steinbock

Verbindung mit Bachblüten:
Knospe der Rosskastanie – die Lernblüte. Für die Verarbeitung von positiven und negativen Erfahrungen.

AMETRIN

Gruppe: Quarz

Farbe: Hell- bis dunkelviolett, hell- bis dunkelgelb

Fundort: Bolivien

Ritzhärte: 7

Mineralstoffe: Silicium-Dioxid

Ametrin, auch Bolivianit genannt, fördert die bewusste Verarbeitung und konstruktive Verwendung unserer täglichen Erfahrungen. Er will uns bewusst machen, dass jede Änderung in uns selbst beginnt und unterstützt uns bei der Suche nach dem Sinn im Leben.

Gesundheit:
Ametrin fördert die Gesundheit der Muskeln, des Bluts und der Haut.

Chakra-Zuordnung:
Solar-Plexus
Scheitel-Chakra

Sternzeichen-Zuordnung:
Waage, Fisch

Verbindung mit Bachblüten:
Knospe der Rosskastanie – die Lernblüte. Für die bewusste Verarbeitung und konstruktive Umsetzung der täglichen positiven und negativen Erfahrungen.

APATIT

Gruppe: Apatit

Farbe: Blau, blaugrün, gelblich, rosa, farblos

Ritzhärte: 5

Mineralstoffe: Calcium-Phosphat

Fundorte: Brasilien, Madagaskar, Indien, Mexiko, USA, Chile, Russland

Der **Apatit** eignet sich für Menschen, die öfters in ihrer Gefühlswelt irritiert sind, kein Vertrauen in ihr Umfeld haben oder sich öfters grundlos gekränkt zeigen. Er zeigt einen Weg, mit solchen Emotionen umzugehen und fördert die Grosszügigkeit.

Gesundheit:
Apatit zeigt seinen Einfluss auf Gesichts-, Kopf- und Halsnerven. Er fördert den Stoffwechsel und stärkt das Immunsystem.

Chakra-Zuordnung:
Stirn-Chakra

Sternzeichen-Zuordnung:
Zwilling

Verbindung mit Bachblüten:
Stechpalme – die Liebesblüte. Für Menschen mit starken Gefühlsschwankungen.

AQUAMARIN

Gruppe:	Beryll	**Ritzhärte:**	7,5–8
Farbe:	Blau, blaugrün bis hellblau	**Mineralstoffe:**	Aluminium-Beryllium-Silikat

Fundorte: Weltweit, u.a. Brasilien, Australien, Madagaskar, Indien, USA, Irland, Kenia.

Aquamarin spiegelt den Ozean im Inneren des Menschen wieder, das Erkennen desselben und somit innere Weisheit. Je mehr sein Träger mit sich selbst vertraut ist, je mehr Selbstkontrolle und Ausgeglichenheit erhält er. Dazu muss er jedoch bereit sein, sich mit sich selbst und seiner Umwelt auseinanderzusetzen.

Gesundheit:
Aquamarin wirkt auf Herz, Leber, Milz und Blase. Er lindert emotionale Schmerzen, z.B. Trauer oder Liebeskummer, wirkt gegen Halsbeschwerden und Zahnfleischprobleme, gegen Drüsenbeschwerden.

Chakra-Zuordnung:
Kehlkopf/Hals

Sternzeichen-Zuordnung:
Wassermann, Fisch, Waage, Zwilling

Verbindung mit Bachblüten:
Rotbuche – die Toleranzblüte. Für Menschen, die überkritisch sind und sich dadurch von ihren Mitmenschen isolieren.

AVENTURIN

Gruppe: Quarz

Ritzhärte: 7

Farbe: Hell- bis dunkelgrün

Mineralstoffe: Silicium-Dioxid

Fundorte: Brasilien, Indien, Russland, USA, Australien, Frankreich, Indien, China

Aventurin erleuchtet, er fördert spirituelles Bewusstsein und Verständnis für alles Leben. Seinem Träger will er Toleranz, Humor und Geduld vermitteln.

Gesundheit:
Die Schwingungen des Aventurins finden den Weg zu disharmonischen Organen, bringen diese in Einklang und fördern so unser Wohlbefinden. Gegen Unreinheiten der Haut, Allergien oder Haarausfall können durch diesen Stein Erfolge erzielt werden.

Chakra-Zuordnung:
Herz-Chakra

Sternzeichen-Zuordnung:
Stier, Krebs, Schütze

Verbindung mit Bachblüten:
Odermennig – die Konfrontationsblüte. Für Menschen die zu Kritik und Intoleranz neigen.

AZURIT

Gruppe: Karbonatmineralien

Ritzhärte: 3,5–4

Farbe: Tiefblau

Mineralstoffe: Basisches Kupfer-Carbonat

Fundorte: Frankreich, Chile, Mexiko, Ural, USA, Russland

Azurit fördert die Entscheidungsfähigkeit seines Trägers. Er ist dabei auch behilflich, neu gesetzte Ziele unbeirrt zu verwirklichen. Schülern hilft er bei ihren Hausaufgaben, und bei Versuchen mit Telepathie kommt er zum Einsatz.

Gesundheit:
Dieser Stein wirkt auf unsere Gehirnnerven, das Nervennetz ganz allgemein. Ganz umfassend stärkt er unsere Lebenskraft und bestärkt unseren Willen und den Umgang mit Intuitionen.

Chakra-Zuordnung:
Stirn-Chakra (drittes Auge)

Sternzeichen-Zuordnung:
Jungfrau, Fisch

Verbindung mit Bachblüten:
Knospe der Rosskastanie – die Lernblüte. Hilft, negative und positive Erfahrungen umzusetzen.

BERGKRISTALL

Gruppe:	Quarz	**Ritzhärte:**	7
Farbe:	Glasklar bis milchig-weiss	**Mineralstoffe:**	Silicium-Dioxid
Fundorte:	Weltweite Vorkommen, z.B. Alpen, Brasilien, USA, Madagaskar		

Bergkristall ist ein Universalheiler, der heiligste unter den Edelsteinen! Er löst Blockaden, vermittelt Harmonie und hilft, unsere Gedanken zu klären. Energie wird durch ihn verstärkt und er gilt als Verbreiter von Licht und Klarheit.

Gesundheit:
Bergkristall lindert allgemein Schmerzen, er löst Stauungen. Bei Geschwülsten auflegen – auch stärkt er den Sehnerv und hilft gegen müde Augen. Als Vorbereitung für eine Diät das Kristallwasser trinken, denn es reinigt und entschlackt den Körper.

Chakra-Zuordnung:
Empfehlenswert für alle Chakren – Scheitel-, Solarplexus und Herz-Chakra im besonderen

Sternzeichen-Zuordnung:
Zwilling, Löwe, Steinbock

Verbindung mit Bachblüten:
Lärche – die Selbstvertrauensblüte. Schafft Selbstvertrauen, das ein sicheres Fundament in einem gesunden Selbstwertgefühl hat.

BERNSTEIN

Gruppe:	Harz	**Ritzhärte:**	2–2,5
Farbe:	Hell-, honig- oder rotgelb, blaugelb bis braun	**Mineralstoffe:**	Fossiles Harz

Fundorte: Mexiko, Russland, Polen, Ostsee, Domenikanische Republik, Dänemark, Libanon, Kanada

Bernstein besitzt eine sonnige Ausstrahlung. Er reinigt den Organismus und fördert unsere Fähigkeit zur Selbstheilung. Ausserdem stärkt er die Entscheidungskraft und schenkt dem Körper Wärme.

Gesundheit:
Bernstein verfügt über eine gute Wirkung bei der Linderung von Entzündungen – bei Rheuma und Ischias zum Beispiel einfach auf die betroffenen Stellen auflegen. Hilft bei Asthma, Allergien, Heuschnupfen, Ekzemen, Halsweh und Migräne. Durch seine Wärme verhindert er Verkühlungen und er erleichtert Kleinkindern das Zahnen.

Chakra-Zuordnung:
Solarplexus (= Sonnengeflecht)

Sternzeichen-Zuordnung:
Zwilling, Löwe, Jungfrau

Verbindung mit Bachblüten:
Rock-Water, Wasser aus heilkräftigen Quellen – Disziplinblüte. Zur Lösung aus starken, inneren Fixierungen und für das Zugeständnis an unsere natürlichen Bedürfnisse.

BERYLL

Gruppe:	Beryll	**Ritzhärte:**	7,5–8
Farbe:	Grün, hellblau, hellgrün, rosa, golden	**Mineralstoffe:**	Aluminium-Silikat

Fundorte: Weltweit, u.a. Brasilien, Madagaskar, Kalifornien/USA, Südwestafrika

Beryll ist nur beschränkt im Handel erhältlich. Grüner Beryll wird Smaragd genannt, hellblauer Aquamarin, gelbgrüner Heliodor und goldener Goldberyll. Der Name Beryll versteht sich für alle Zwischenfarben.

Gesundheit:
Beryll stärkt das Herz und die Blutgefässe, einsetzbar gegen Arterienverkalkung, Menstruationsbeschwerden und Durchfall.

Chakra-Zuordnung:
Herz-Chakra
roter Beryll wirkt auf das Sakral-Chakra

Sternzeichen-Zuordnung:
Widder, Zwilling, Waage

Verbindung mit Bachblüten:
Stechginster – die Hoffnungsblüte. Für hoffnungslose Menschen, die resigniert haben auf der Suche nach dem Sinn des Lebens, sie schöpfen wieder neue Hoffnung.

BLAU-TOPAS

Gruppe:	Topas	**Ritzhärte:**	8
Farbe:	Farblos bis hellblau	**Mineralstoffe:**	Aluminium-Silikat
Fundorte:	Schottland, Irland, England, Alaska, Brasilien, Ural		

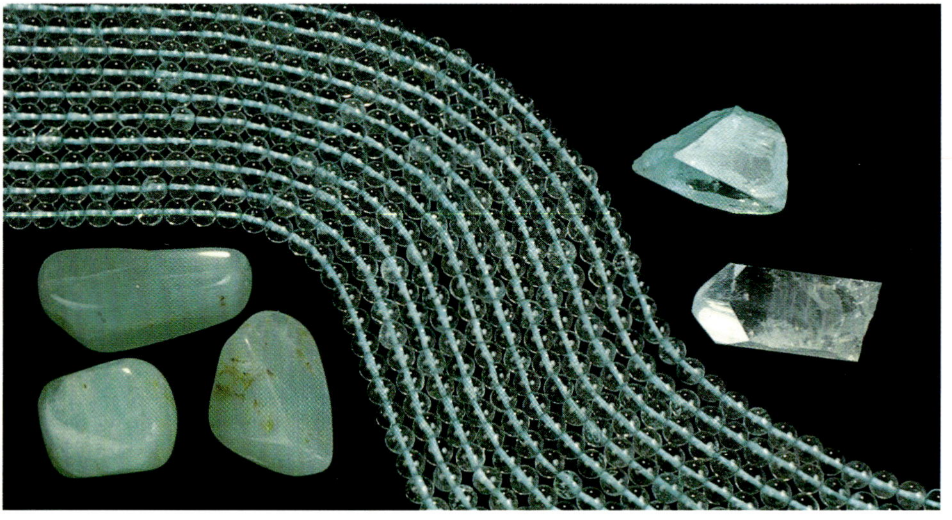

Blau-Topas lehrt uns, veraltete Verhaltensmuster als solche anzuerkennen und in der Folge loszulassen. Auch gegen Ängste, Unsicherheit und ähnliche Gefühle hilft der Blau-Topas anzukämpfen.

Gesundheit:
Wer ihn trägt, schützt sein Immunsystem, stärkt seine Nerven und den Halsbereich.

Chakra-Zuordnung:
Kehlkopf-Chakra

Sternzeichen-Zuordnung:
Schütze

Verbindung mit Bachblüten:
Wegwarte – die Taktikblüte. Für Menschen, die ihre Hilfe förmlich aufdrängen und dafür Dankbarkeit erwarten. Bleibt diese aus, neigen sie zu Selbstmitleid.

BRECCLET-JASPIS

Gruppe: Quarz
Ritzhärte: 6,5–7
Farbe: Rotbraun bis gelbbraun
Mineralstoffe: Silicium-Dioxid
Fundorte: USA, Südafrika, Ural, Australien, Deutschland, Indien

Brecclet-Jaspis will seinen Träger in jeder Hinsicht ins Gleichgewicht bringen. Er hilft dem Menschen, im Moment zu erkennen, was er wirklich braucht, um sich ausgeglichen zu fühlen – wie zum Beispiel einen Spaziergang.

Gesundheit:
Jaspis hilft uns, schädliche Verhaltensmuster zu ändern. Ein Mensch, der mit diesem Stein zusammenarbeitet, wird leichter erkennen was er zu ändern hat, z.B. seine Ernährung, und beugt so möglichen Krankheiten vor.

Chakra-Zuordnung:
Wurzel-Chakra

Sternzeichen-Zuordnung:
Steinbock

Verbindung mit Bachblüten:
Ulme – die Verantwortungsblüte. Für Menschen mit starkem Charakter, die wider besseres Wissen an ihren Fähigkeiten zweifeln.

BUNT-JASPIS

Gruppe:	Quarz	**Ritzhärte:**	6,5–7
Farbe:	Braun, rot, grün, gelbbraun	**Mineralstoffe:**	Silicium-Dioxid
Fundorte:	Indien, Australien, China, Brasilien, USA, Ural		

Bunt-Jaspis ist ein guter Helfer bei Energielosigkeit oder schlechter Laune. Er wirkt positiv auf die Stimmung seines Trägers und inspiriert.

Gesundheit:
Einsetzbar gegen Blockaden jeder Art, Muskelverspannungen und Zuckungen, Kopf- und Nackenschmerzen. Er belebt und aktiviert das System unseres Körpers und auch die Sexualorgane.

Chakra-Zuordnung:
Wurzel-Chakra

Sternzeichen-Zuordnung:
Widder, Skorpion

Verbindung mit Bachblüten:
Lärche – die Selbstvertrauensblüte. Für Menschen mit schwachem Selbstvertrauen und Minderwertigkeitskomplexen.

CALCIT

Gruppe: Kalkspat

Ritzhärte: 3

Farbe: Rot, gelb, weiss, braun, blau, grau, orange

Mineralstoffe: Calcium-Carbonat

Fundorte: Weltweit, genannt Blauer, Grüner, Mangan, Orange, Roter oder Weisser Calcit

Calcit unterstützt das eigenständige Denken seines Trägers. Es verleiht ihm Freude, Unbeschwertheit und Grosszügigkeit und bekämpft Schuldgefühle und Selbstvorwürfe.

Gesundheit:
Wasser, gewonnen aus Calcit, enthält sehr viele Mineralstoffe, die auf den Körper einwirken. Das Knochenmark und -wachstum wird gefördert, Nägel, Zähne und Haare, das Zellwachstum allgemein erlebt einen positiven Einfluss.

Chakra-Zuordnung:
Orangecalcit – Sakral-Chakra
Gelbcalcit – Solar-Plexus
Grüncalcit – Herz-Chakra
Blaucalcit – Kehlkopf-Chakra

Sternzeichen-Zuordnung:
Zwilling

Verbindung mit Bachblüten:
Pinie, schottische Kiefer – die Verzeihungsblüte. Für Menschen, die dauernd glauben, sich rechtfertigen zu müssen.

CHALCEDON

Gruppe:	Quarz	**Ritzhärte:**	7
Farbe:	Weissblau bis himmelblau	**Mineralstoffe:**	Silicium-Dioxid
Fundorte:	Brasilien, Madagaskar, Uruguay, Südafrika, USA, Indien		

Chalcedon, der Konzentrationsstein wird für Schulkinder und Studenten empfohlen. Er hält den Kopf klar für das Wesentliche, fördert die Redegewandtheit, verleiht der Stimme mehr Ausdruckskraft und bekämpft Prüfungsängste.

Gesundheit:
Chalcedon nützt dem Drüsensystem – zum Beispiel bei Lymphdrüsenerkrankungen. Junge Mütter tragen ihn beim Stillen, und Frauen in den Wechseljahren schätzen ihn gegen Hitzewallungen. Für stotternde Kinder, bei Depressionen und Halsbeschwerden einsetzbar.

Chakra-Zuordnung:
Kehlkopf-Chakra

Sternzeichen-Zuordnung:
Schütze

Verbindung mit Bachblüten:
Odermennig – die Konfrontationsblüte. Für neue Hoffnung und neue Perspektiven zu scheinbar unabänderlichen Lebenssituationen.

CHAROIT

Gruppe:	Charoit	**Ritzhärte:**	6
Farbe:	Lila, violett bis rotviolett, undurchsichtig bis durchsichtig	**Mineralstoffe:**	über 40 verschiedene
Fundort:	Ostsibirien		

Charoit trägt dazu bei, seine eigene Identität voll ausleben zu können, ohne sich von aussen beeinflussen zu lassen, sich selbst zu sein.

Gesundheit:
Charoit ist sehr intensiv und wirkt auf den ganzen Körper reinigend, harmonisierend und bringt seine Kraft und Ausdauer zum Vorschein.

Chakra-Zuordnung:
eignet sich für alle Chakren

Sternzeichen-Zuordnung:
Skorpion, Wassermann

Verbindung mit Bachblüten:
Lärche – die Selbstvertrauensblüte. Für Selbstvertrauen, das in einem gesunden Selbstwertgefühl ein sicheres Fundament hat.

CHRYSOKOLL

Gruppe: Kupfer-Erzmineralien

Ritzhärte: 2–4

Farbe: Grün bis blau

Mineralstoffe: Wasserhaltiges Kupfer-Silikat

Fundorte: USA (Arizona), Mexiko, Chile, Ural, Israel

Chrysokoll ist anwendbar im Falle eines seelischen Tiefs, denn er fördert eine neutrale geistige Haltung und lehrt uns Gelassenheit und inneren Frieden zu entwickeln. Besonders empfehlenswert als Gefühlsstein für Frauen, denn er beruhigt Emotionen und strahlt Fröhlichkeit aus.

Gesundheit:
Der Chrysokoll regt den Kreislauf und den Stoffwechsel an, reguliert den Hormonhaushalt, wirkt entgiftend und leberanregend. Er bringt Abhilfe bei Verspannungen im Nacken und Schulterbereich – am besten wirkt er im Hals- und Brustbereich, auch gegen Bronchitis.

Chakra-Zuordnung:
Herz-Chakra

Sternzeichen-Zuordnung:
Waage, Wassermann

Verbindung mit Bachblüten:
Walnuss – die Neubeginnblüte. Für inneren Neubeginn oder entscheidende Veränderungen der Lebensumstände.

CHRYSOPRAS

Gruppe:	Quarz	**Ritzhärte:**	6,5–7
Farbe:	Hell- bis dunkelgrün	**Mineralstoffe:**	Silicium-Dioxid

Fundorte: Schlesien, Indien, Madagaskar, Brasilien, Australien, USA, Südafrika

Chrysopras für Paare mit Kinderwunsch, als Schutzstein und für ältere Menschen anwendbar – ist ein sehr vielseitiger Stein. Er wirkt Komplexen und Blockaden entgegen, erfrischt uns und macht uns vital.

Gesundheit:
Anwendbar bei allen Krankheiten an Geschlechtsorganen und bei Unfruchtbarkeit, auch die Sinnlichkeit wird angeregt. Wirkt intensiv auf das Herz und erfrischt die Zellen, die einer Abnutzung unterliegen.

Chakra-Zuordnung:
Herz-Chakra

Sternzeichen-Zuordnung:
Krebs, Steinbock

Verbindung mit Bachblüten:
Weiss- oder Hainbuche – die Müdigkeitsblüte. Für Menschen im Zustand mentaler Erschöpfung. Es fehlt eigentlich die Kraft für die täglichen Pflichten, die aber trotzdem erledigt werden müssen.

CITRIN

Gruppe:	Quarz	**Ritzhärte:**	7
Farbe:	Hellgelb bis goldbraun	**Mineralstoffe:**	Silicium-Dioxid

Fundorte: Spanien, Brasilien, Madagaskar, Indien, Südafrika, Frankreich, Ural

Citrin hilft uns, spezifische Ängste oder Urängste aufzuarbeiten, alte Erlebnisse oder ungute Erinnerungen zu verarbeiten. Er ist behilflich bei der Suche nach dem Sinn im Leben des Einzelnen.

Gesundheit:
Citrin reinigt die Organe, sein Wasser ist besonders empfehlenswert für Diabetiker. Gegen Konzentrationsschwierigkeiten hält man Citrin und Rhodonit-Trommelsteine in der Hand. Bei Magenbeschwerden Citrin regelmässig auf das Sonnengeflecht auflegen.

Chakra-Zuordnung:
Solar-Plexus (Sonnengeflecht)

Sternzeichen-Zuordnung:
Löwe, Zwilling, Jungfrau, Stier

Verbindung mit Bachblüten:
Olive – die Erschöpfungsblüte. Für Menschen mit plötzlicher Traurigkeit, für die im Grunde keine Ursache besteht, und die kommt und geht.

DIAMANT

Gruppe:	Diamant	**Ritzhärte:**	10
Farbe:	Farblos, gelblich, bläulich, schwarz	**Mineralstoffe:**	Kohlenstoff
Fundorte:	Afrika, Indien, Brasilien, Russland		

Der **Diamant** unterstützt die Klarheit unserer Gedankenwelt, er reinigt unsere Wahrnehmung und hilft, das Erfahrene konstruktiv einzusetzen. Er steigert unser Selbstwertgefühl und ändert die Art wie wir uns selbst betrachten. Ausserdem ist er einer der stärksten Glückssteine.

Gesundheit:
Auch auf den Körper verübt der Diamant eine starke, reinigende Wirkung. Er stärkt die Blase und wirkt Nieren- oder Gallensteinen entgegen. Ausserdem sind seine Schwingungen entgiftend und stärken das Immunsystem.

Chakra-Zuordnung:
Scheitel-/Kopf-Chakra

Sternzeichen-Zuordnung:
Löwe

Verbindung mit Bachblüten:
Stechpalme – die Liebesblüte. Für Menschen, die oft gefühlsmässig irritiert sind, andere vorschnell verdächtigen, zu Schadenfreude neigen. Für jähzornige Kinder.

DUMORTIERIT

Gruppe:	Dumortierit	**Ritzhärte:**	7
Farbe:	Blau bis violettblau, bläulich gefleckt, rotbraun, -grün, -violett bis durchsichtig	**Mineralstoffe:**	Aluminium-Borat-Silikat

Fundorte: Frankreich, Deutschland, USA, Japan, Brasilien, Madagaskar

Dumortierit fördert die innere Stimme seines Trägers. Intuitionen werden sehr oft nicht beachtet, da sie sehr schwer erklärbar sind. Die Empfangsbereitschaft für solche Eingebungen wird gesteigert.

Gesundheit:
Dumortierit wirkt auf Stirn, Hals und Schilddrüse. Er stärkt das Immunsystem seines Trägers.

Chakra-Zuordnung:
Kehlkopf- und Stirn-Chakra

Sternzeichen-Zuordnung:
Löwe, Jungfrau

Verbindung mit Bachblüten:
Waldtrespe – die Vielseitigkeitsblüte. Um mittels klarer Zielvorstellungen das gesamte Potential der Möglichkeiten ausschöpfen zu können.

EPIDOT

Gruppe:	Metamorphite Mineral	**Ritzhärte:**	6–7
Farbe:	Grün, gelb, schwarz, grau	**Mineralstoffe:**	Calcium-Aluminium-Eisen-Silikat
Fundorte:	Österreich, Schweiz, Deutschland, Mexiko, USA, Alaska		

Epidot wirkt unguten Gefühlen wie Selbstversunkenheit und -bezogenheit entgegen und stärkt das Vertrauen in unsere Fähigkeiten.

Gesundheit:
Dieser Stein unterstützt die Verdauung, Herz und Nerven, wirkt chronischen Schwindelanfällen entgegen und bekämpft Blockaden, die in Rückenschmerzen ausarten.

Chakra-Zuordnung:
gelblich – Solar-Plexus
grünlich – Herz-Chakra

Sternzeichen-Zuordnung:
Waage, Stier

Verbindung mit Bachblüten:
Olive – die Erschöpfungsblüte. Für Menschen mit plötzlicher Traurigkeit, die ohne Ursache ist, die kommt und geht.

FALKENAUGE

Gruppe:	Quarz	**Ritzhärte:**	7
Farbe:	Blaugrün bis blaugrau	**Mineralstoffe:**	Silicium-Dioxid
Fundorte:	Südafrika, Indien, USA, Westaustralien		

Das **Falkenauge** verleiht klare Sicht im mentalen wie körperlichen Bereich. Es fördert den Kontakt zu unseren Mitmenschen und lässt uns vieles im richtigen Ausmass einschätzen. Eignet sich sehr gut für Menschen, die dauernd mit den Augen arbeiten (Fliessband, Feinarbeit, Computer etc.).

Gesundheit:
Wie bereits erwähnt, stärkt dieser Stein auch die Sehkraft der Augen und die Sehnerven. Er hilft uns, auch in angespannten Situationen mit unseren Mitmenschen den direkten Blickkontakt aufrechtzuerhalten.

Chakra-Zuordnung:
Stirn- und Wurzel-Chakra

Sternzeichen-Zuordnung:
Zwilling, Löwe, Skorpion

Verbindung mit Bachblüten:
Stechpalme – die Liebesblüte. Für Menschen, die in ihrer Gefühlswelt oft irritiert sind, grundlos gekränkt sind oder andere vorschnell verdächtigen. Für jähzornige Kinder und gegen Schadenfreude.

FLUORIT

Gruppe: Flussspat

Ritzhärte: 4

Farbe: Farblos, orange, gelb, rosa, violett

Mineralstoffe: Calcium-Fluorid

Fundorte: Deutschland, Schweiz, England, Italien, Australien

Flourit fördert das spirituelle Wachstum, seine Energie zieht Veränderungen an. Wer eine Zielsetzung hat, einen «Lebenstraum» verfolgt, der ist mit diesem Stein gut beraten, denn er lenkt die Energie in die richtige Bahn, um sein Ziel zu erreichen und den Veränderungen standzuhalten.

Gesundheit:
Fluorit mag Wasser, und da der Mensch zum grössten Teil aus Wasser besteht, kann er an ihm intensiv wirken. Er bewirkt auch dort Veränderungen, entstrahlt und regt den Stoffwechsel und die Knochenbildung an.

Chakra-Zuordnung:
Scheitel-Chakra

Sternzeichen-Zuordnung:
Fisch, Wassermann

Verbindung mit Bachblüten:
Ulme – die Verantwortungsblüte. Für Menschen mit starkem Charakter, die wider besserem Wissen an ihren Fähigkeiten zweifeln.

GOLD-TOPAS

Gruppe:	Topas	**Ritzhärte:**	8
Farbe:	Gold, goldgelb, hellbraun	**Mineralstoffe:**	Fluorhaltiges Aluminium-Silikat
Fundorte:	Brasilien, USA, Südwestafrika, Madagaskar, Ural, Australien		

Gold-Topas eignet sich zur Meditation, denn er wirkt positiv auf die allgemeine Gemütsverfassung des Menschen. Er entspannt und beruhigt ganz allgemein.

Gesundheit:
Dieser Stein entspannt den Solarplexus und aktiviert die Drüsen. Er hilft gegen Schlaflosigkeit, besonders wenn diese aus Stress oder nervlicher Belastung entsteht.

Chakra-Zuordnung:
Solar-Plexus (Sonnengeflecht)

Sternzeichen-Zuordnung:
Löwe, Zwilling

Verbindung mit Bachblüten:
Wegwarte – die Taktikblüte. Für Menschen, die ihrer Umwelt ihre Hilfe förmlich aufdrängen und dafür Dankbarkeit erwarten. Bleibt diese aus, neigen sie zu Selbstmitleid.

GRANAT

Gruppe:	Granat	**Ritzhärte:**	6,5–7,5
Farbe:	Rot, rotbraun, dunkelrot	**Mineralstoffe:**	Magnesium-Aluminium-Silikat

Fundorte: Weltweit, u.a. Arizona, Madagaskar, Südafrika, Australien

Granat wirkt aufbauend auf die psychische Ebene des Menschen, denn er fördert Selbstvertrauen und Leidenschaft. Allgemein ist er gut verträglich für ältere Menschen, denn er steigert Vitalität und Unternehmungsgeist.

Gesundheit:
Kreislauf und Blutzirkulation werden von diesem Stein unterstützt – er wirkt Energieverlust, Depressionen und Schwindelgefühlen entgegen.

Chakra-Zuordnung:
Wurzel-Chakra

Sternzeichen-Zuordnung:
Skorpion

Verbindung mit Bachblüten:
Weiss- oder Hainbuche – die Müdigkeitsblüte. Für Menschen im Zustand mentaler Erschöpfung, es fehlt die Kraft für die täglichen Pflichten.

HÄMATIT

Gruppe: Eisenmetall-Erze

Ritzhärte: 5,5

Farbe: Grauschwarz

Mineralstoffe: Eisenoxid

Fundorte: Neuseeland, Deutschland, Schweden, USA, Ural, Australien

Hämatit, wird auch Blutstein genannt, und zwar weil er sein Schleifwasser rot färbt. Er macht uns aktiv, spontan und lebensmutig.

Gesundheit:
Der Hämatit fördert den Blut- und Zellenaufbau. Dadurch ist er einsetzbar bei zu tiefem Blutdruck, Infektionen und Krampfadern. Er reinigt das Blut – nützlich bei Akne und Abszessen, Kopfweh und Energielosigkeit und lindert Rückenbeschwerden wie die Veranlagung zu Wadenkrämpfen.

Chakra-Zuordnung:
Wurzel-Chakra

Sternzeichen-Zuordnung:
Widder, Skorpion

Verbindung mit Bachblüten:
Olive – die Erschöpfungsblüte. Für Menschen mit plötzlicher Traurigkeit ohne Ursache, die kommt und geht.

HELIOTROP

Gruppe:	Quarz	**Ritzhärte:**	6,5–7
Farbe:	Dunkelgrün mit roten Punkten	**Mineralstoffe:**	Silicium-Dioxid
Fundorte:	Brasilien, Indien, Australien, USA, China		

Der **Heliotrop,** auch Blut-Jaspis genannt, lokalisiert und analysiert Disharmonien. Erst wenn sein Träger aufrichtig bereit ist, diese Störungen zu beheben, unterstützt er die Heilung und stabilisiert. Für eine Reise ist er ein guter Begleiter.

Gesundheit:
Einsetzbar beim Kampf gegen Energielosigkeit, reinigt Leber und Nieren und fördert die Produktion von weissen Blutkörperchen. Auch bei Durchblutungsstörungen und Blasenschwäche anwendbar.

Chakra-Zuordnung:
Herz-Chakra

Sternzeichen-Zuordnung:
Skorpion

Verbindung mit Bachblüten:
Rote Kastanie – die Symbioseblüte. Für Menschen, die sich zu viele Sorgen um das Wohlergehen anderer Menschen machen, eine zu starke innere Verbundenheit haben.

HOWLITH

Gruppe:	Howlith	**Ritzhärte:**	3–4
Farbe:	Weiss mit grauen Adern	**Mineralstoffe:**	Calcium-Bor-Silikat
Fundorte:	Kalifornien/USA, Kanada		

Howlith steigert Freude und Anteilnahme. Es fördert die Belastbarkeit, im körperlichen wie im geistigen Sinn, Elastizität und die Wahrheit.

Gesundheit:
Howlith stärkt die Nägel, Zähne, Gelenke, Knorpel und Knochen. Es entwässert den Körper und unterstützt das Immunsystem.

Chakra-Zuordnung:
Handzentrum

Sternzeichen-Zuordnung:
Krebs

Verbindung mit Bachblüten:
Mimulus (gefleckte Gauklerblume) – die Tapferkeitsblüte. Für Menschen, die scheu und schüchtern sind, Angst vor Hunden, Mäusen und Fahrstühlen haben – gegen Platz- und Schwellenangst.

JADE

Gruppe:	Jadeit, Nephritenjade	**Ritzhärte:**	6,5–7
Farbe:	Grün, grünweiss, gelblich	**Mineralstoffe:**	Calcium-Magnesium-Eisen-Silikat
Fundorte:	China, Burma, Japan, Brasilien, Mexiko		

Jade fördert die Liebesfähigkeit, Persönlichkeit und Ausdrucksfähigkeit und harmonisiert die Gedankenwelt seines Trägers. Nicht nur deswegen ist sie ein geeignetes Geschenk für Kinder.

Gesundheit:
Gegen Bettnässen bei Kindern ins Bett legen, bei Blasenschwäche und Nierensteinen anwendbar. Gegen Schlaflosigkeit und ein guter Stein in der Schwangerschaft.

Chakra-Zuordnung:
Je nach Ort der Beschwerden – gut für alle Chakren, besonders Herz

Sternzeichen-Zuordnung:
Fisch, Krebs

Verbindung mit Bachblüten:
Eisenkraut – die Begeisterungsblüte. Für Menschen, die gerne übertreiben, ständig unter starker Anspannung stehen und sogar auf andere bisweilen fanatisch wirken.

KARNEOL

Gruppe:	Quarz	**Ritzhärte:**	6,5–7
Farbe:	Orangerot, braun, blaugelb bis braun	**Mineralstoffe:**	Silicium-Dioxid
Fundorte:	Indien, Brasilien, Nordafrika, Uruguay		

Karneol vermittelt Mut in allen Lebenslagen. Passive Menschen lernen durch ihn Courage zu zeigen, er hilft uns ganz allgemein, vermehrt zu unseren Gefühlen zu stehen und Durchsetzungsvermögen zu zeigen. Auch ist er einsetzbar gegen Nervosität und Depressionen und wirkt harmonisierend.

Gesundheit:
Frauen setzen diesen Stein ein, wenn sie Unterleibsbeschwerden, Zyklusstörungen oder Menstruationsbeschwerden haben. Auch gegen Fieber und bei Magendarm-Beschwerden.

Chakra-Zuordnung:
Sakral-Chakra

Sternzeichen-Zuordnung:
Skorpion

Verbindung mit Bachblüten:
Stechpalme – die Liebesblüte. Für Menschen mit Gefühlsschwankungen, um diese einstufen und eventuell zurücknehmen zu können, für Grosszügigkeit.

KUNZIT

Gruppe:	Spodumen	**Ritzhärte:**	6,5–7
Farbe:	Rosa, lila	**Mineralstoffe:**	Lithium-Aluminium-Silikat
Fundorte:	Madagaskar, Brasilien, USA		

Kunzit reinigt unsere Aura, er hilft uns, mit Ohnmachtsgefühlen wie Verzweiflung, Reizbarkeit und Wut besser fertig zu werden und psychische Spannungen zu lösen.

Gesundheit:
Kunzit wirkt Übelkeit, Magenbeschwerden und Gleichgewichtsstörungen entgegen und belebt den Kreislauf.

Chakra-Zuordnung:
Herz-Chakra

Sternzeichen-Zuordnung:
Löwe

Verbindung mit Bachblüten:
Rotbuche – die Toleranzblüte. Gegen übermässige Kritikbereitschaft und Intoleranz, wenig Mitgefühl und Einfühlungsvermögen, Kleinlichkeit und Unnachgiebigkeit. Für Menschen, die sich isolieren.

LABRADORIT

Gruppe:	Feldspat	**Ritzhärte:**	6–6,5
Farbe:	Graublau, graugrün	**Mineralstoffe:**	Natrium-Calcium-Aluminium-Silikat
Fundorte:	Madagaskar, Kanada, USA, Mexiko, Finnland		

Labradorit hilft seinem Träger bei der Vergangenheitsbewältigung. Er ist besonders geeignet für Menschen, die eine schlimme Kindheit hinter sich haben, und diese noch nicht verarbeiten konnten.

Gesundheit:
Dieser Stein aktiviert die Muskeln, stärkt den Kreislauf und wirkt gegen Rheuma.

Chakra-Zuordnung:
Hand-Chakra

Sternzeichen-Zuordnung:
Steinbock, Fisch

Verbindung mit Bachblüten:
Knospe der Rosskastanie – die Lernblüte. Für Menschen, die immer in die selben Schwierigkeiten kommen, da sie Erfahrungen nicht richtig verarbeiten.

LANDSCHAFTS-JASPIS

Gruppe: Quarz

Farbe: Braun bis gelbbraun

Fundorte: Ägypten, USA, Afrika

Ritzhärte: 6,5–7

Mineralstoffe: Silicium-Dioxid

Landschafts-Jaspis ist ein wahrer Kraftstein, der hilft, Entscheidungen klar und richtig zu treffen. Er gibt Vitalität und hilft dadurch bei Energielosigkeit, löst Blockaden und wirkt aufbauend. Auch ist er der richtige Begleiter bei einer Weltreise.

Gesundheit:
Jaspis hilft während der Schwangerschaft und wirkt entspannend bei der Geburt. Nach langer Krankheit unterstützt er die Genesung, bei Gicht, Rheuma und Arthritis auf die betroffenen Stellen auflegen. Gegen Verstopfung trinkt man sein Wasser.

Chakra-Zuordnung:
Solar-Plexus (Sonnengeflecht)
Wurzel-Chakra

Sternzeichen-Zuordnung:
Zwilling, Jungfrau

Verbindung mit Bachblüten:
Weiss- oder Hainbuche – die Müdigkeitsblüte. Schenkt Entspannung, seelische Spannkraft und geistige Frische.

LAPIS-LAZULI

Gruppe: Lapis

Ritzhärte: 5–6

Farbe: Blau bis dunkelblau

Mineralstoffe: Natrium-Aluminium-Silikat

Fundorte: Afghanistan, Chile, Sibirien

Lapis, der Traumstein, beruhigt die Gedanken. Er lehrt uns, in unser Inneres zu schauen und mit unserem Ich Kontakt aufzunehmen sowie wieder vermehrt zu träumen, er fördert das spirituelle Wachstum und die Willensstärke.

Gesundheit:
Lapis löst Blockaden und entgiftet den Körper allgemein. Besonders hilfreich ist er bei Schilddrüsenerkrankungen, zu hohem Blutdruck und Insektenstichen sowie der Fiebersenkung und verschiedenen Hautkrankheiten.

Chakra-Zuordnung:
Stirn-Chakra

Sternzeichen-Zuordnung:
Jungfrau, Schütze

Verbindung mit Bachblüten:
Geissblatt – die Vergangenheitsblüte. Damit man sich ein lebendiges Verhältnis zur Vergangenheit bewahren kann, aber trotzdem ganz in der Gegenwart lebt.

LEOPARDEN-JASPIS

Gruppe: Quarz

Farbe: Schwarz, grau, braun, gelblich

Fundorte: Südafrika, Brasilien, Australien

Ritzhärte: 6,5–7

Mineralstoffe: Silicium-Dioxid

Leoparden-Jaspis hilft uns, zu erkennen, was wir wirklich brauchen – was echter Bedarf oder nur ein künstliches Bedürfnis ist. Er reguliert Energien und schafft einen Ausgleich bzw. Gleichgewicht.

Gesundheit:
Er wirkt am effektivsten im Bereich von Organen, die regulierende Aufgaben haben, z.B. Gehirn, Herz oder Drüsen. Leoparden-Jaspis um den Hals in Form einer Kette oder Kugel verschafft dem Körper Ausgeglichenheit und Energieregulation.

Chakra-Zuordnung:
Sakral-Chakra

Sternzeichen-Zuordnung:
Löwe

Verbindung mit Bachblüten:
Lärche – die Selbstvertrauensblüte. Gegen Minderwertigkeitskomplexe, mangelndes Selbstvertrauen.

MAGNESIT

Gruppe:	Bitterspat	**Ritzhärte:**	4–4,5
Farbe:	Weiss, grau, bräunlich	**Mineralstoffe:**	Magnesium-Carbonat
Fundorte:	Österreich, Ural		

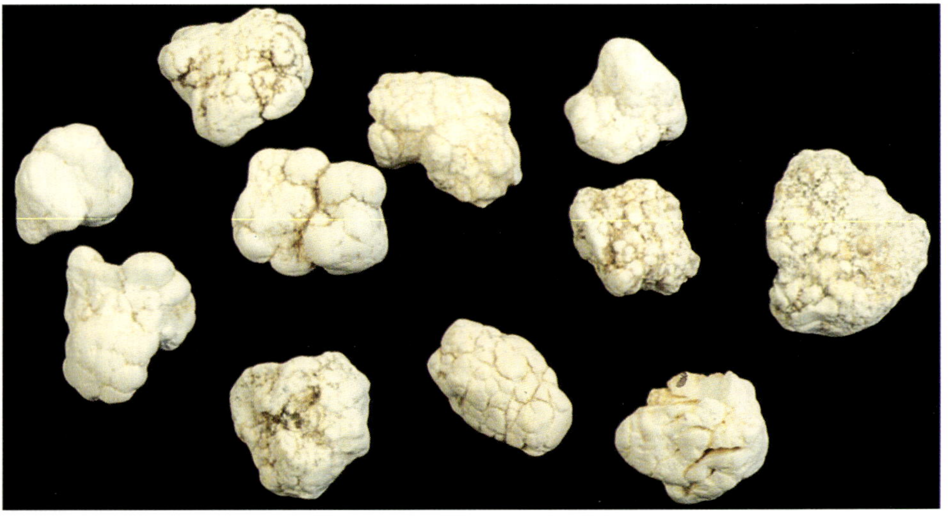

Magnesit bekämpft Angst, Druck und Nervosität. Er schenkt Ausgeglichenheit und auch körperliche Balance.

Gesundheit:
Dieser Stein eignet sich zur Diätunterstützung, denn er entwässert, entschlackt und regt Leber und Nieren an. Er kräftigt die Zähne und bekämpft unangenehmen Körpergeruch.

Chakra-Zuordnung:
Solar-Plexus (Sonnengeflecht)

Sternzeichen-Zuordnung:
Krebs

Verbindung mit Bachblüten:
Wilder Senf – die Weltschmerzblüte. Für Menschen die Perioden tiefer Traurigkeit erleben – im Grunde ohne Ursache.

MAGNETIT

Gruppe:	Eisenerz-Mineral	**Ritzhärte:**	5,5
Farbe:	Eisenschwarz	**Mineralstoffe:**	Eisenoxid
Fundorte:	Schweden, Ural, Österreich, Wyoming/USA		

Magnetit ist stark magnetisch. Er ist ein guter Schutzstein, verwandt mit dem Hämatit.

Gesundheit:
Magnetit kräftigt den Kreislauf, entgiftet und wirkt nervenstärkend.

Chakra-Zuordnung:
Scheitel-Chakra

Sternzeichen-Zuordnung:
Widder, Skorpion

Verbindung mit Bachblüten:
Drüsentragendes Springkraut. Für Menschen, die ungeduldig sind, leicht reizbar, überschäumende Reaktionen nicht unterdrücken können.

MAHAGONI-OBSIDIAN

Gruppe:	Obsidian	**Ritzhärte:**	5–5,5
Farbe:	Mahagonibraun, schwarz	**Mineralstoffe:**	Vulkanisches, amorphes, kieselsäurereiches Gesteinsglas
Fundorte:	Weltweit, z.B. Japan, USA		

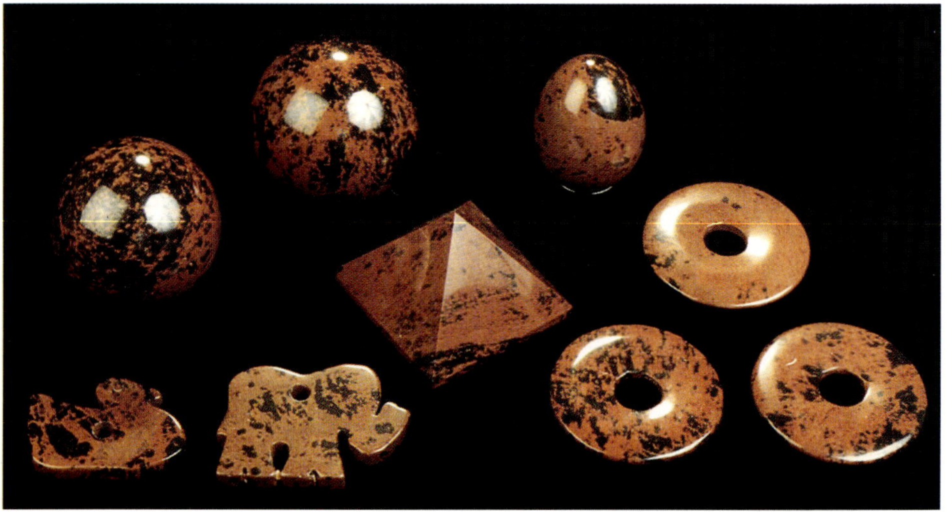

Mahagoni-Obsidian fördert das Vertrauen zu den Mitmenschen seines Trägers. Der Stein bekämpft negative Gefühle wie Eifersucht, Hass, Neid und Misstrauen. Sind diese Emotionen verbannt, steht der Weg offen für Zuneigung und harmonische Beziehungen.

Gesundheit:
Obsidian stärkt die Knochen und Gelenke des Menschen. Er beeinflusst den Stoffwechsel und die Verdauung.

Chakra-Zuordnung:
Fuss-Chakra

Sternzeichen-Zuordnung:
Skorpion

Verbindung mit Bachblüten:
Stechpalme – die Liebesblüte. Für Menschen, die häufig in ihrer Gefühlswelt irritiert sind, sie neigen zu Misstrauen, Eifersucht, Hass oder Neid.

MALACHIT

Gruppe: Kupfererz-Mineral

Ritzhärte: 3,5–4

Farbe: Grün bis dunkelgrün

Mineralstoffe: Kupfer-Carbonat

Fundorte: Zaire, Ural, Chile, Arizona/USA, Australien

Malachit lehrt uns Eigenverantwortung und gibt uns dafür Ausgeglichenheit. Er fördert Verständnis und Toleranz und hilft uns, Liebeskummer zu bewältigen.

Gesundheit:
Sein Energieaustausch wirkt entgiftend für den Körper. Er stärkt das Nervensystem und ist empfehlenswert zum Beispiel bei Asthma und Herzrythmusstörungen.

Chakra-Zuordnung:
Herz-Chakra

Sternzeichen-Zuordnung:
Stier, Skorpion

Verbindung mit Bachblüten:
Geissblatt – die Vergangenheitsblüte. Damit man sich ein lebendiges Verhältnis zur Vergangenheit bewahren kann, aber trotzdem voll und ganz in der Gegenwart lebt.

MONDSTEIN

Gruppe:	Feldspat	**Ritzhärte:**	6–6,5
Farbe:	Bräunlich-weiss, milchig-weiss, gelblich bis orange	**Mineralstoffe:**	Kalium-Aluminium-Silikat
Fundorte:	Indien, Sri Lanka, USA, Madagaskar, Brasilien		

Der **Mondstein** steht für die Weiblichkeit, denn er hilft Frauen, diese selbstverständlicher auszuleben. Er lehrt seinen Träger Feinfühligkeit und mit Gefühlen und Sensibilität besser umzugehen.

Gesundheit:
Mondstein fördert die Fruchtbarkeit und unterstützt den weiblichen Zyklus. Seine Kraft wendet sich den Geschlechtsorganen, insbesondere den Eierstöcken zu.

Chakra-Zuordnung:
Sakral-Chakra

Sternzeichen-Zuordnung:
Steinbock

Verbindung mit Bachblüten:
Stechginster – die Hoffnungsblüte. Für Menschen ohne Hoffnung, die resigniert haben, bewusst oder unbewusst fühlen, dass alles keinen Zweck hat.

MOOKAIT

Gruppe:	Quarz	**Ritzhärte:**	6,5–7
Farbe:	Gelb bis braun	**Mineralstoffe:**	Silicium-Dioxid
Fundorte:	Südafrika, Indien, USA		

Mookait ist der Stein gegen die Selbstbezogenheit. Wer sich zu wichtig nimmt, kann so die richtige Relation zu sich und seinem Umfeld finden. Er fördert so Anpassung und Geborgenheit.

Gesundheit:
Mookait wirkt auf den gesamten Becken- und Bauchbereich entspannend und lösend.

Chakra-Zuordnung:
Wurzel-Chakra

Sternzeichen-Zuordnung:
Jungfrau

Verbindung mit Bachblüten:
Schottisches Heidekraut – die Selbstbezogenheitsblüte. Für Menschen die aus seelischen Bedürfnissen zu Selbstbezogenheit neigen.

MOOSACHAT

Gruppe: Quarz

Ritzhärte: 6,5–7

Farbe: Mit moosähnlichen, grünen braunen bis roten Einlagerungen

Mineralstoffe: Silicium-Dioxid

Fundorte: Indien, China, USA

Moosachat, der Glücksstein der Bauern und Gärtner, fördert unsere Einstellung und Liebe zur Natur. Dieser Stein ist also besonders empfehlenswert für alle Pflanzenfreunde und erdverbundene Menschen.

Gesundheit:
Stärkt Herz und Nieren und führt zu Ausgeglichenheit bei innerer Unruhe. Er fördert die Aufnahme von Sauerstoff ins Blut.

Chakra-Zuordnung:
Herz-Chakra

Sternzeichen-Zuordnung:
Stier

Verbindung mit Bachblüten:
Stechpalme – die Liebesblüte. Für Menschen, die oft in ihrer Gefühlswelt irritiert sind, zu Eifersucht, Misstrauen, Neid und Hass neigen.

OBSIDIAN

Gruppe: Obsidian

Ritzhärte: 6,5–7

Farbe: Schwarz oder mit weissen Flocken

Mineralstoffe: Vulkanisches, amorphes, kieselsäurereiches Gesteinsglas

Fundorte: Weltweit, vor allem USA

Obsidian, besonders der gefleckte Schneeflocken-Obsidian, fördert eine harmonische Beziehung zu unserer Umwelt. Sei dies Partnerschaft, Familie, Freundeskreis oder Arbeitswelt – für ein schönes Umfeld setzt sich dieser Stein ein.

Gesundheit:
Er fördert die Durchblutung, im speziellen von Händen und Füssen des Trägers, aber auch der Muskulatur und des Gehirns.

Chakra-Zuordnung:
Fuss- und Handzentrum

Sternzeichen-Zuordnung:
Schütze

Verbindung mit Bachblüten:
Lärche – die Selbstvertrauensblüte. Für Menschen mit mangelndem Selbstvertrauen, Minderwertigkeitskomplexen.

ONYX

Gruppe:	Quarz	**Ritzhärte:**	7
Farbe:	Schwarz, grauschwarz	**Mineralstoffe:**	Silicium-Dioxid
Fundorte:	Brasilien, Madagaskar, Südwestafrika, Indien		

Onyx fördert die Wahrnehmung – alles zu sehen, zu hören und aufzunehmen –, verhilft zu Erfolg und besserem Urteilsvermögen. Ausserdem soll er seinen Träger schützen und ihm beim Speichern der unzähligen Informationen des Lebens behilflich sein.

Gesundheit:
Er unterstützt Gehör und Augenbereich und wird empfohlen bei Ohrenschmerzen und empfindlichen Gehörgängen.

Chakra-Zuordnung:
Fusszentrum

Sternzeichen-Zuordnung:
Schütze, Steinbock, Wassermann

Verbindung mit Bachblüten:
Weiss- oder Hainbuche – die Müdigkeitsblüte. Für Entspannung, seelische Spannkraft und geistige Frische.

OPAL

Gruppe: Quarz

Ritzhärte: 5,5–6,5

Farbe: Milchigweiss bis gelblich-weiss mit Regenbogen-farben

Mineralstoffe: Silicium-Dioxid

Fundorte: Australien, USA, Brasilien, Mexiko

Opal – ein sehr wertvoller Stein – denn er lässt uns sehen, am meisten uns selbst, aber auch Probleme und deren Lösungen können wir durch ihn erkennen. Am besten wirkt er, wenn er im Schlaf getragen wird, denn oft trübt das Denken unsere Sicht.

Gesundheit:
Er fördert das natürliche Schlafvermögen, sofern es nicht durch chemische Schlafmittel beeinträchtigt wird und beim Aufwachen fühlt man sich erfrischt und ausgeruht. Ausserdem lässt er uns die Sexualität natürlicher ausleben.

Chakra-Zuordnung:
Scheitel-Chakra

Sternzeichen-Zuordnung:
Schütze, Skorpion

Verbindung mit Bachblüten:
Waldtreste – die Vielseitigkeitsblüte. Für klare Zielvorstellungen und Ausschöpfung des vollen Potentials der Möglichkeiten.

PERIDOT

Gruppe:	Olivin	**Ritzhärte:**	6,5–7
Farbe:	Grün, olivgrün, gelbgrün	**Mineralstoffe:**	Magnesium-Eisen-Silikat
Fundorte:	Ägypten, Brasilien, Nordamerika, Australien, Mexiko		

Peridot strahlt Wärme und Lebendigkeit aus. Dieser Stein hilft uns, Zusammenhänge zu erkennen, zu analysieren und Kompromisse zu schliessen. Auch lehrt er uns, zu verzeihen und schützt vor Beeinflussung.

Gesundheit:
Peridot bekämpft Hautprobleme, Ekzeme und Allergien, reinigt die Haut und stärkt die Knochen. Empfehlenswert ist er auch für wetterfühlige Menschen.

Chakra-Zuordnung:
Herz-Chakra

Sternzeichen-Zuordnung:
Zwilling, Löwe

Verbindung mit Bachblüten:
Schottische Kiefer – die Verzeihungsblüte. Für Menschen, die sich Selbstvorwürfe machen und Schuldgefühle haben.

PYRIT

Gruppe:	Schwefelhaltige Mineralien	**Ritzhärte:**	6–6,5
Farbe:	Messinggelb, goldgelb-glänzend	**Mineralstoffe:**	Eisensulfid
Fundorte:	Weltweit, u.a. Italien, USA, Kanada, Mexiko		

Pyrit-Sonnen können den Körper auf besonders angenehme Art und Weise entspannen. Dieser Stein dient sowohl dem physischen wie psychischen Abbau von Stress und Stressnebenerscheinungen in den Organen.

Gesundheit:
Andauernde Belastung durch Beruf, im Strassenverkehr etc. kann zu Schädigungen im Nervennetz führen, insbesondere die Magennerven sind oft betroffen. Die Entspannung mittels Auflegen einer Pyrit-Sonne stellt also einen wichtigen Faktor für die Gesamtgesundheit des Menschen dar.

Chakra-Zuordnung:
Solar-Plexus (Sonnengeflecht)

Sternzeichen-Zuordnung:
Widder

Verbindung mit Bachblüten:
Geissblatt – die Vergangenheitsblüte. Für Menschen, die sich bewusst oder unbewusst weigern, Ereignisse aus ihrer Vergangenheit zu verarbeiten.

RAUCHQUARZ

Gruppe:	Quarz	**Ritzhärte:**	7
Farbe:	Hellbraungrau bis dunkelbraungrauer Bergkristall	**Mineralstoffe:**	Silicium-Dioxid
Fundorte:	Weltweit		

Rauchquarz hilft dem Menschen in der Realität mit beiden Beinen auf dem Boden zu stehen, er lehrt uns, negative Gefühle oder Gedanken loszulassen. Negative Energien lenkt er ab und Eigenverantwortlichkeit stärkt er.

Gesundheit:
Dieser Quarz unterstützt die Verdauung. Auch stärkt er die Willenskraft und unterstützt dadurch alle möglichen Entwöhnungsvorhaben (z.B. Nikotin) und Herausforderungen.

Chakra-Zuordnung:
Fusszentrum

Sternzeichen-Zuordnung:
Wassermann, Fisch

Verbindung mit Bachblüten:
Gelbe Weide – die Schicksalsblüte. Für Menschen, die sich den Umständen machtlos ausgeliefert fühlen oder gar Mitmenschen ihr vermeintlich besseres Schicksal missgönnen.

RHODOCHROSIT

Gruppe:	Mangan-Erz-Mineralie	**Ritzhärte:**	4
Farbe:	Rosarot, hell- bis dunkelrosa	**Mineralstoffe:**	Mangan-Carbonat
Fundorte:	Argentinien, Colorado/USA, Ural		

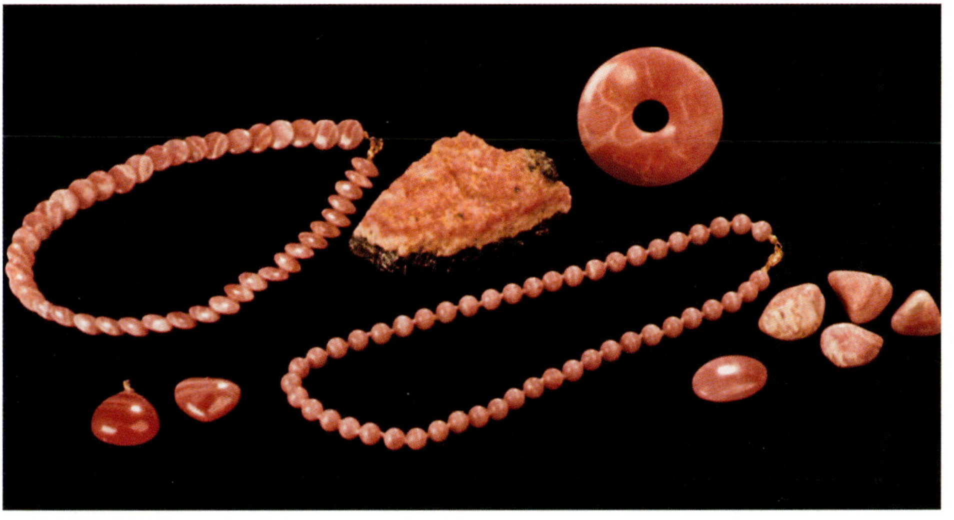

Rhodochrosit ist zuständig für die Durchführung von Veränderungen in mentaler Hinsicht, welche sich dann auch körperlich auswirken. Er zerstört schädliche Gewohnheitsmuster, reinigt sie, und baut sie dann in verbesserter positiver Weise wieder auf.

Gesundheit:
Krankheiten bilden sich aus schlechten Gewohnheitsmustern, teils in uns selbst, teils aber auch durch Einwirkungen von aussen, wie einen verschmutzten Lebensraum z.B. – Rhodochrosit wirkt diesen Mustern entgegen. Das Kind im Leib der Mutter profitiert davon, und die Atmung kommt ins Gleichgewicht.

Chakra-Zuordnung:
Herz-Chakra

Sternzeichen-Zuordnung:
Skorpion

Verbindung mit Bachblüten:
Olive – die Erschöpfungsblüte. Für Menschen, die sich körperlich wie seelisch ausgebrannt und erschöpft fühlen, denen alles zuviel wird.

RHODONIT

Gruppe:	Mangan-Erz-Mineralie	**Ritzhärte:**	5,5–6,5
Farbe:	Rosa, rot, mit schwarzen Flecken	**Mineralstoffe:**	Mangan-Metasilikat
Fundorte:	Mexiko, Madagaskar, Indien, USA, Ural, Australien		

Rhodonit, für Tapferkeit und Mut, wird empfohlen für Menschen die eine Wende vor sich haben oder gar einen Neuanfang planen. Dies bezieht sich auf Schule, Beruf, Partnerschaft, Freizeit, Ortswechsel, Reise usw.

Gesundheit:
Seine Energie bekämpft Hautunreinheiten wie Pickel, Akne oder Abszesse. Er wirkt auf das Sexualchakra, wenn man ihn auflegt. Da er Einfluss auf die Emotionen seines Trägers hat und deren Stabilität fördert, ist dieser Stein sehr geeignet für labile Menschen.

Chakra-Zuordnung:
Herz- und Sakral-Chakra

Sternzeichen-Zuordnung:
Stier

Verbindung mit Bachblüten:
Olive – die Erschöpfungsblüte. Für Menschen, die sich körperlich wie seelisch ausgebrannt und erschöpft fühlen, denen alles zuviel wird.

ROSENQUARZ

Gruppe: Quarz
Ritzhärte: 7
Farbe: Hellrosa bis dunkelrosa
Mineralstoffe: Silicium-Dioxid
Fundorte: Madagaskar, Brasilien, USA

Rosenquarz wirkt emotionalen Störungen entgegen, denn er regt das Herz an, sich zu öffnen. Er löst tiefverborgene Spannungen, indem er sie aufwühlt und zum Ausbruch bringt. Männer, die bekanntlich ihre Probleme lieber auf der rationalen als auf der emotionalen Ebene lösen, hilft er, die Wechselwirkung Emotionen und Realität besser analysieren zu können. Der Rosenquarz verfügt über eine ausgesprochen beruhigende Wirkung.

Gesundheit:
Dieser Quarz eignet sich hervorragend zur Vorbereitung auf einen Arztbesuch/Therapie, denn sie legt das eigentliche Gebrechen dar. Einsetzbar gegen Wasseradern, Computer- oder Erdstrahlen und nach Operationen.

Chakra-Zuordnung:
Herz-Chakra

Sternzeichen-Zuordnung:
Stier, Waage

Verbindung mit Bachblüten:
Lärche – die Selbstvertrauensblüte. Für Selbstvertrauen, das in einem gesunden Selbstwertgefühl ein sicheres Fundament hat.

ROTER JASPIS

Gruppe:	Quarz	**Ritzhärte:**	6,5–7
Farbe:	Braunrot, rostrot	**Mineralstoffe:**	Silicium-Dioxid
Fundorte:	Frankreich, Indien, USA, Ural, Afrika		

Roter Jaspis ist ein guter Schutzstein für Reisende, er bringt Mut und Kraft und fördert Veränderungen.

Gesundheit:
Wirkt stärkend auf die Knochen, Wirbelsäule, den ganzen Rücken.

Chakra-Zuordnung:
Wurzel-Chakra

Sternzeichen-Zuordnung:
Jungfrau, Krebs, Fisch, Widder

Verbindung mit Bachblüten:
Doldiger Milchstern. Für Menschen, die eine seelische oder körperliche Erschütterung noch nicht innerlich verarbeitet haben.

RUBIN

Gruppe:	Korund	**Ritzhärte:**	9
Farbe:	Rot, hell- bis dunkelrot	**Mineralstoffe:**	Aluminiumoxid mit Chrom
Fundorte:	Indien, Burma, Sri Lanka, Siam		

Rubin offenbart die Liebe, lehrt uns, dieses Gefühl zu verstehen und besser damit umzugehen. Das Herz ist dankbar für den Kontakt mit der positiven Energie dieses wertvollen Steines und wird sich in der Regel dieser Kraft bereitwillig öffnen.

Gesundheit:
Rubin wirkt auch physisch auf das Herz und die darunterliegenden Chakren. Er hilft Menschen, welche ein schweres oder gar verschlossenes Herz haben, diese Disharmonie aufzulösen und sich im Emotionalbereich wohlzufühlen.

Chakra-Zuordnung:
Wurzel- und Herz-Chakra

Sternzeichen-Zuordnung:
Löwe, Skorpion

Verbindung mit Bachblüten:
Weinrebe – die Begeisterungsblüte. Für Menschen, die unbedingt ihren Willen durchsetzen wollen und Probleme mit Macht und Autorität haben.

RUTILQUARZ

Gruppe: Quarz

Ritzhärte: 6,5–7

Farbe: Silberne, gelbliche oder goldene, nadelartige Einlagerungen

Mineralstoffe: Titanoxid + Silicium-Dioxid

Fundorte: Weltweit

Rutilquarz vereint die positiven Wirkungen des Quarz mit denen von Rutil. Dieser Stein schenkt Lebenskraft, Selbstbewusstsein und stärkt das Immunsystem des Körpers.

Gesundheit:
Rutilquarz wird mit Vorliebe gegen Schmerzen im Bronchialbereich eingesetzt – bei chronischem Asthma, Atemnot oder Erkältungen.

Chakra-Zuordnung:
Solar-Plexus (Sonnengeflecht)

Sternzeichen-Zuordnung:
Zwilling, Löwe

Verbindung mit Bachblüten:
Herbstenzian – die Skeptikerblüte. Für Menschen, die alles und jeden in Frage stellen, einen Mangel an Glauben und Vertrauen haben.

SAPHIR

Gruppe:	Korund	**Ritzhärte:**	9
Farbe:	Hell- bis dunkelblau, rosa, gelb, grün, violett, schwarz	**Mineralstoffe:**	Aluminiumoxid mit Eisen und Titan

Fundorte: Indien, Sri Lanka, Vorderindien, Australien, Nordamerika

Saphir beruhigt die Nerven, er steht für Treue und Harmonie, lehrt uns, unsere Emotionen zu zähmen und zeigt uns statt dessen einen Weg der Vernunft. Dem Menschen, der Kontrolle über sein Denken übernimmt, hilft er zu unterscheiden, welche Gedanken er ignorieren soll, damit sie nie etwas beeinflussen können, und welche er beachten und unterstützen soll.

Gesundheit:
Gedanken sind nicht nur Nahrung für unsere Emotionswelt, auch der physische Körper lässt sich dadurch beeinflussen, seine Filterung wirkt sich also allgemein aus. Auf die Augen gelegt entspannt der Saphir ungemein.

Chakra-Zuordnung:
Stirn-Chakra

Sternzeichen-Zuordnung:
Stier, Jungfrau, Fisch

Verbindung mit Bachblüten:
Ross- oder Weisskastanie – die Gedankenblüte. Unaufhörlich kreisen die Gedanken, sie lassen nicht mehr los.

SMARAGD

Gruppe:	Beryll	**Ritzhärte:**	7,5–8
Farbe:	Hell- bis dunkelgrün	**Mineralstoffe:**	Aluminium-Beryllium-Silikat

Fundorte: Kolumbien, Ural, Südafrika, Indien, Brasilien, Pakistan

Smaragd trägt den Grünen von den sieben Farbstrahlen, ohne die kein Leben oder Gesundheit möglich sind. Er hebt das Bewusstsein für unseren Körper, ohne das auch kein inneres Wachstum möglich ist.

Gesundheit:
Das grüne Heilungslicht des Smaragds über dem Herzen oder am Hals getragen, erfüllt die Aura seines Trägers. Auch die Körperaura wird harmonisiert – Schmerzen, Verspannungen, Geschwülste und Verhärtungen werden ins Gleichgewicht gebracht.

Chakra-Zuordnung:
Herz-Chakra

Sternzeichen-Zuordnung:
Waage, Krebs

Verbindung mit Bachblüten:
Rotbuche – die Toleranzblüte. Für geistigen Scharfblick und Verständnis für die verschiedenen, menschlichen Verhaltensweisen.

SODALITH

Gruppe:	Feldspatoide	**Ritzhärte:**	5,5–6
Farbe:	Blau bis dunkelblau	**Mineralstoffe:**	Natrium-Aluminium-Silikat
Fundorte:	Brasilien, Indien, USA, Kanada, Afrika		

Sodalith kann negative Gedanken absorbieren. Dadurch verschwinden dunkle Wolken und es klärt sich der Geist. Menschen, die von den Projektionen und Zielsetzungen ihres Umfeldes überfordert werden, können von diesem Stein profitieren und ihre eigenen Vorstellungen klarer definieren.

Gesundheit:
Mit geklärtem Geist kann der Mensch sich besser ausdrücken, verfügt über erhöhte Konzentrationsfähigkeit und wird so erfolgreicher und glücklicher. Alle Organe des Gehirns werden durch diesen Stein gestärkt.

Chakra-Zuordnung:
Stirn-Chakra

Sternzeichen-Zuordnung:
Schütze, Jungfrau

Verbindung mit Bachblüten:
Lärche – die Selbstvertrauensblüte. Für Selbstvertrauen, das in einem gesunden Selbstwertgefühl ein sicheres Fundament hat.

SUGILITH

Gruppe:	Sugilith	**Ritzhärte:**	6,5–7
Farbe:	Violett bis braunrot	**Mineralstoffe:**	Kalium-Natrium-Silikat
Fundorte:	Ein Fundort in Südafrika		

Sugilith eignet sich ausgezeichnet zur Meditation und für einen Neuanfang – es lässt uns Veränderungen annehmen und unsere Wünsche in die Realität umsetzen.

Gesundheit:
Dieser Stein stärkt das Immunsystem und den Kreislauf. Eine Zielsetzung, wie z.B. ein Suchtproblem in Angriff zu nehmen ist, wird durch Sugilith unterstützt.

Chakra-Zuordnung:
Eignet sich für alle Chakren

Sternzeichen-Zuordnung:
Stier, Waage, Fisch

Verbindung mit Bachblüten:
Rote Kastanie – die Symbioseblüte. Zur Wahrnehmung der Abgrenzung der eigenen Person.

TIGERAUGE

Gruppe: Quarz

Ritzhärte: 7

Farbe: Goldgelb bis goldbraun

Mineralstoffe: Silicium-Dioxid

Fundorte: Westafrika, Südafrika, Westaustralien, Indien, USA, Brasilien

Das **Tigerauge** schenkt Wärme, welche uns aktiviert und uns hilft, unsere Mitte zu finden. Es schenkt Selbstvertrauen und Ausgeglichenheit. Seine Fähigkeit, Konzentration zu stärken, macht es beliebt bei Schülern und Studenten.

Gesundheit:
Auch das Tigerauge löst durch seine Wärme Blockaden und wirkt somit Depressionen entgegen. Es bewirkt Vertrauen und Harmonie im Menschen und trägt so zu der Allgemeingesundheit von Psyche und Körper bei.

Chakra-Zuordnung:
Solar-Plexus (Sonnengeflecht)

Sternzeichen-Zuordnung:
Zwilling

Verbindung mit Bachblüten:
Sclerantus, einjähriger Knäuel – die Gleichgewichtsblüte. Für innere Ausgeglichenheit und sichere Entscheidungskraft.

TIGEREISEN

Gruppe:	Quarz	**Ritzhärte:**	7
Farbe:	Grauschwarz, braunrot	**Mineralstoffe:**	Silicium-Dioxid
Fundorte:	Südafrika, Indien, Brasilien, Westaustralien		

Tigereisen fördert die Begeisterungsfähigkeit seines Trägers. Seine Schwingungen motivieren, bringen Freude an der Arbeit und steigern das Selbstvertrauen.

Gesundheit:
Das Tigereisen wirkt auf Beine und Füsse, die Wirbelsäule und deren Nerven.

Chakra-Zuordnung:
Solar-Plexus (Sonnengeflecht)

Sternzeichen-Zuordnung:
Löwe, Jungfrau

Verbindung mit Bachblüten:
Rote Kastanie – die Symbioseblüte. Für Menschen, denen Verbundenheit eine Last bedeutet.

TÜRKIS

Gruppe: Kallait

Ritzhärte: 5–6

Farbe: Hellblau, grünblau, türkis

Mineralstoffe: Kupferhaltiges basisches Aluminium-Phosphat

Fundorte: Iran, Afghanistan, Persien, China, USA, Südafrika, Tansania, Israel

Türkis wirkt stärkend auf unsere Aura ein. Er ist der beste Schutzstein, denn er soll verhindern, dass kleinere Unfälle oder Ausrutscher Konsequenzen tragen. Er ist ein idealer Reisebegleiter, denn er hält schlechte Energien, Pech und falsche Leute von uns fern. Auch für Kinder und Haustiere ist er geeignet.

Gesundheit:
Türkis schützt das Herz, arbeitet aufbauend an unserer Aura und hält allgemein Infektionen von uns fern. Seine Energie wirkt gegen Melancholie und fördert die Fröhlichkeit.

Chakra-Zuordnung:
Kehlkopf-Chakra

Sternzeichen-Zuordnung:
Wassermann, Fisch, Löwe

Verbindung mit Bachblüten:
Stechginster – die Hoffnungsblüte. Für das Schöpfen neuer Hoffnung, eine neue Perspektive für die Lebenssituation.

TURMALIN

Gruppe:	Turmalin	**Ritzhärte:**	7–7,5
Farbe:	Schwarz, grün, gelbbraun bis dunkelbraun, blau, rosa, farblos	**Mineralstoffe:**	Aluminium-Borat-Silikat
Fundorte:	Brasilien, Madagaskar, Südwestafrika, Indien, USA		

Turmalin, speziell der schwarze, schützt uns vor gefährlichen Strahlungen, die dieser Stein speichert und so von uns fern hält. Ausserdem hilft er der Beziehung Mann-Frau, da er die Gegensätze ausarbeiten und Verständnis schaffen möchte. Frauen bevorzugen den rosaroten Turmalin.

Gesundheit:
Turmalin lässt sich einsetzen bei jeder Art von Disharmonien im Körper. Man trage den Turmalin an einer Kette zur ganzheitlichen Anwendung, bis die innere Stimme gebietet, ihn abzulegen.

Chakra-Zuordnung:
je nach Farbe, grünen oder rosa für das Herz-Chakra, schwarzen für das Wurzel-Chakra

Sternzeichen-Zuordnung:
Steinbock, Skorpion, Waage

Verbindung mit Bachblüten:
Weinrebe – die Autoritätsblüte. Für inneren Grossmut auf der Basis natürlicher Autorität und der Unterscheidungsmöglichkeit zwischen gesundem und ungesundem Ehrgeiz.

VERSTEINERTES HOLZ

Gruppe: Quarz

Ritzhärte: 6,5–7

Farbe: Hell- bis dunkelbraun, grau

Mineralstoffe: Silicium-Dioxid

Fundorte: Argentinien, Rumänien, Ägypten, Arizona/USA, Brasilien

Versteinertes Holz, auch Holzstein genannt, fördert die Ausdauer bei der Veränderung der Lebensumstände des Menschen. Für einen Neuanfang oder zur Umsetzung von Vorsätzen ist es gut, einen Holzstein in der Nähe zu haben.

Gesundheit:
Versteinertes Holz wirkt auf den Stoffwechsel und den Verdauungs- und Ausscheidungstrakt.

Chakra-Zuordnung:
Solar-Plexus (Sonnengeflecht)

Sternzeichen-Zuordnung:
Zwilling

Verbindung mit Bachblüten:
Rote Kastanie – die Symbioseblüte. Für Menschen, denen innere Verbundenheit eine Last ist.

ZOISIT

Gruppe:	Metamorphite Mineral	**Ritzhärte:**	6
Farbe:	Hell- bis dunkelgrün	**Mineralstoffe:**	Calcium-Aluminium-Silikat
Fundorte:	Tansania, Norwegen, Namibia, Australien		

Zoisit fördert die Kreativität und den Tatendrang seines Trägers. Er hilft bei der Suche nach dem Sinn, indem er den Menschen dazu anspornt und ihm Kraft gibt, seinen eigenen Weg zu finden.

Gesundheit:
Wirkt sich sehr gut auf die Geschlechtsorgane aus, insbesondere die Gebärmutter.

Chakra-Zuordnung:
Herz-Chakra

Sternzeichen-Zuordnung:
Krebs

Verbindung mit Bachblüten:
Walnuss – die Neubeginnblüte. Um zu lernen, auf seine innere Stimme zu hören und sich selbst treu zu bleiben.

Chinesische Schnitzerei aus Burma-Jade

EDELSTEINE UND STERNZEICHEN

Astrologie beschäftigt sich mit der Frage, inwiefern wir von kosmischen Kräften und den Planeten beeinflusst werden. Unter welchem Stern der Mensch geboren wurde und welche speziellen Charakterzüge mit dem Sternzeichen verbunden sind, interessiert die Menschen schon seit Jahrtausenden.

Sinn und Zweck dieser Zuordnung von Symbolen auf die Geburtszeit besteht wahrscheinlich darin, dass wir von bestimmten Eigenschaften und Verhaltensmustern oder Begabungen, die uns verliehen sind, Kenntnis haben sollten.

Sternzeichen-Deutungen können den Menschen helfen, ihren Weg zu finden, indem sie eine oder mehrere Richtungen vorgeben. Meistens sind sich die Charakterbeschreibungen der Sternzeichen erstaunlich ähnlich, und viele Menschen wissen, welche Eigenschaften ihrem Zeichen zugeordnet werden. Es ist oft recht verblüffend, wie man sich selbst in einer solchen Beschreibung erkennen kann.

Edelsteine werden den Sternzeichen unter Berücksichtigung eben dieser Kriterien, Charakterstärken und -schwächen, zugeordnet. So vermittelt zum Beispiel der Moosachat dem Stier-Geborenen die Möglichkeit, seine Verwurzelung in der Natur klarer wahrzunehmen und dadurch seine Neigung zum Materiellen auszugleichen.

Alle Mittel, die den Menschen zur Selbstfindung, der Erkenntnis ihrer Stärken und Schwächen und vollen Entfaltung ihrer Talente und Möglichkeiten verhelfen können, sind gerechtfertigt und angebracht. Deswegen müssen auch Schwachstellen und bestimmte Neigungen unbedingt erwähnt werden, damit der Leser von der Lektüre profitieren und lernen kann.

WIDDER

21.3. – 20.4.

Planet: Mars

Element: Feuer

Leitsatz: Ich will...

Glückssteine: Amethyst – Beryll – Bunt-Jaspis – Hämatit – Magnetit – Pyrit – Roter Jaspis

Im Zeichen des Widders geborene Menschen sind mutig, positiv, voller Energie und Tatendrang. Sie machen sich mit Enthusiasmus an die Umsetzung ihrer realistischen und nützlichen Ziele und lassen erst ab, wenn diese erreicht sind, also etwas geändert oder verbessert werden konnte. Kämpferisch gehen sie das Leben an, nehmen Herausforderungen an und wollen stets der Beste sein. Ihre Kraft liegt in ihrem Willen, sie fühlen sich wohl, solange sie das Gefühl haben, dass sie alles im Griff haben. Lässt sich jedoch ihr Umfeld durch blossen Willen nicht mehr beeinflussen, stellt sich bei Widder-Geborenen oft das Gefühl der Ohnmacht ein. Deshalb müssen diese Menschen lernen, ein Ur-Vertrauen zu entwickeln, loszulassen und sich hinzugeben. Auch übertriebener Ehrgeiz und Ungeduld lassen sich nur durch die Beschäftigung mit dem Spirituellen und der Auseinandersetzung mit dem eigenen Ich einbremsen. Sobald er Kraft aus diesen Quellen geschöpft hat, ist der Widder-Geborene in der Lage, vertrauensvoll Vorhaben anzugehen, die den Mitmenschen positive Veränderungen in jeder Beziehung bescheren werden.

Indianisches Tierkreiszeichen: «Roter Habicht» (21.3. – 19.4.)

Edelstein-Zuordnung: Feueropal

STIER

21.4. – 20.5.

Planet: Venus

Element: Erde

Leitsatz: Ich besitze...

Glückssteine: Achat – Aventurin – Epidot – Malachit – Moosachat – Rhodonit – Rosenquarz – Saphir – Sugilith

Im Zeichen des Stiers geborene Menschen werden vom Planeten Venus, dem Symbol der Liebe, regiert. So spielt auch die Liebe eine wesentliche Rolle im Leben dieser leidenschaftlichen und sinnlichen Menschen. Sie freuen sich über die Schönheit der Natur und die Möglichkeiten des Lebens, die sie geniessen und nach ihren Vorstellungen gestalten möchten. Haben sie sich erst einmal für eine Zielsetzung entschieden, zeigen sie besondere Tatkraft und Geduld bei deren Umsetzung und meistern alle Widerstände, die auftreten. Der Stier-geborene Mensch sucht Beständigkeit, er will verwurzelt sein, denn er weiss, dass alles seine Zeit braucht. Er wünscht sich Sicherheit, und zwar sowohl auf materieller wie auch auf emotionaler Ebene. Deswegen neigt er zu Besitztendenz, die den Stier-Geborenen mitunter mit Existenzängsten konfrontieren wird. Erst wenn er begreift, dass Dauerhaftigkeit jenseits von Erworbenem nur in sich selbst gefunden werden kann, lernt er mit Veränderungen sicher umzugehen, ja diese gar zu nutzen. Dann führt er ein erdverbundenes, in der Natürlichkeit verwurzeltes Leben und hegt den Wunsch, dessen Schönheit in allen Facetten zu geniessen und zu bewahren.

Indianisches Tierkreiszeichen: «Biber» (20.4. – 20.5.)

Edelstein-Zuordnung: Chrysokoll

ZWILLING

21.5. – 21.6.

Planet: Merkur

Element: Luft

Leitsatz: Ich denke...

Glückssteine: Apatit – Aquamarin – Bergkristall – Bernstein – Beryll – Calcit – Falkenauge – Gold-Topas – Landschafts-Jaspis – Peridot – Rutilquarz – Tigerauge – Versteinertes Holz

Im Zeichen des Zwillings geborene Menschen sind immer wieder offen für neue Erfahrungen, Gedanken und Wissen. Zwillinge sind intelligent und beredsam – die Sprache ist ihr Medium. Wie kein anderer können sie erzählen, beschreiben, überzeugen und sich mitteilen. Ihr Kommunikationsbedürfnis macht sie beliebt, gerne lernen sie immer neue Menschen kennen, und sie sind stets offen für neue Erfahrungen. Der wache Verstand des Zwilling-Geborenen lässt ihn analysieren, formen, entwickeln und oft auch sich distanzieren. Er kann alles und auch sich selbst von einem anderen Gesichtspunkt aus betrachten und gewinnt so den Überblick, die Perspektive aus einer Distanz. Genau diese Entfernung kann den Zwilling aber auch daran hindern, Tiefe zu zeigen – er verzettelt sich dann in der Vielfalt seiner Erlebniswelt. Um sein oft wackeliges Selbstvertrauen zu stärken, muss dem Zwilling klar werden, dass er nur in sich selbst eine stabile Basis finden wird, dass die Vielfältigkeit der Schöpfung in ihm enthalten ist.

Indianisches Tierkreiszeichen: «Hirsch» (21.5. – 20.6.)

Edelstein-Zuordnung: Moosachat

KREBS

22.6. – 22.7.

Planet: Mond

Element: Wasser

Leitsatz: Ich fühle...

Glückssteine: Aventurin – Chrysopras – Howlith – Jade – Magnesit – Roter Jaspis – Smaragd – Zoisit

Im Zeichen des Krebses geborene Menschen sind für seelische Empfänglichkeit und sensibles Einfühlungsvermögen bekannt. Sie bringen viel Verständnis für andere Menschen auf und investieren Gefühl in jede zwischenmenschliche Beziehung. Die ihnen Anvertrauten werden von Krebs-Geborenen immer fürsorglich beschützt und sie wollen sich liebevoll um sie kümmern. Sie sind gutmütig, aktiv und arbeitsliebend und möchten auf jeden Fall ihren Willen durchsetzen. Wer sie erreichen will, spricht am besten ihr Herz an, das gut und grosszügig ist. In ihrer Sensibilität liegt gleichzeitig Verwundbarkeit, wogegen sie sich gerne mit einem Panzer schützen. Eine Lösung aus der Geborgenheit verkraftet der Krebs nur schwer, daraus entsteht ein starker Bezug zur Mütterlichkeit. Er hat oft grosse Angst vor dem Verlassenwerden – solche Erfahrungen verkraftet er nur schwer. Eine Flucht in seine reiche Phantasiewelt sollte der Krebs vermeiden, denn gerade für einen Menschen mit so einer intensiven Gefühlsbetontheit ist es wichtig, aus sich herauszugehen und die emotionalen Höhen und Tiefen anzunehmen.

Indianisches Tierkreiszeichen: «Specht» (21.6. – 22.7.)

Edelstein-Zuordnung: Karneol

LÖWE

23.7. – 23.8.

Planet: Sonne

Element: Feuer

Leitsatz: Ich bin...

Glückssteine: Bergkristall – Bernstein – Diamant – Dumortierit – Falkenauge – Gold-Topas – Kunzit – Leoparden-Jaspis – Peridot – Rubin – Rutilquarz – Tigereisen – Topas – Türkis

Im Zeichen des Löwen geborene Menschen werden vom Planeten Sonne beherrscht. So wie dieses Zentralgestirn den Mittelpunkt im kosmischen System darstellt, strahlt auch der Löwe zentralen Willen, Herzenswärme und Kraft aus. Er vermittelt Sicherheit und ist ein grosszügiger und gutmütiger Optimist. Stolz, Würde und Selbstvertrauen lassen ihn uns oft in führenden Positionen antreffen. Er arbeitet gerne selbständig, seine starke Persönlichkeit zieht andere Menschen in seinen Bann. Als Vorgesetzter achtet er stets auf Fairness und er hat die Fähigkeit, zu delegieren und seine eigene Schaffensfreude und Produktivität auf andere übertragen. Leider neigt er dazu, sich selbst und seine Erfolge zu wichtig zu nehmen, dadurch gewinnt die Anerkennung von anderen einen zu hohen Stellenwert. Der Löwe liebt es, bewundert und geachtet zu werden. Seine Rolle in der Gesellschaft bedeutet ihm sehr viel, das Gefühl der Macht spricht den Löwen an. Er muss lernen sich von der Zustimmung und dem Beifall anderer unabhängig zu machen und in sich selbst einig zu sein. Dann kann er wie die Sonne Liebe und Wärme in alle Richtungen hinausstrahlen.

Indianisches Tierkreiszeichen: «Stör» (23.7. – 22.8.)

Edelstein-Zuordnung: Granat

JUNGFRAU

24.8. – 23.9.

Planet: Merkur

Element: Erde

Leitsatz: Ich diene…
Ich prüfe…

Glückssteine: Amethyst – Azurit – Bernstein – Dumortierit – Landschafts-Jaspis – Lapis Lazuli – Mookait – Roter Jaspis – Saphir – Sodalith – Tigereisen

Im Zeichen der Jungfrau geborene Menschen sind auf Ordnung bedacht, sie wollen die Regeln des Kosmos erforschen. Die Fragen nach dem Sinn und Zweck sind bei diesen Menschen allgegenwärtig. Sie beugen sich Gesetzen, die Ordnung schaffen wollen, weil ihnen klar ist, das wir in einem System von gegenseitiger Abhängigkeit leben, und sie wollen ihren Teil dazu gerne beitragen. Ihr Verstand funktioniert methodisch und nüchtern – ihr Verantwortungsbewusstsein und ihr Aufgehen in Prinzipien lassen sie oft zu sehr in der realen Welt verankert sein. Damit können sie sich den Zugang zu spirituellen Erkenntnissen verbauen und verlieren so den Blick für die wirklich wichtigen Dinge des Lebens. Perfektionismus und Liebe zum Detail, Rationalität und Systematik zeichnen sie in der Arbeitswelt aus. Sie sind fleissig und können sich selbst zugunsten einer Pflichterfüllung zurückstellen. Ihr Gerechtigkeitssinn ist sehr ausgeprägt, zwischen Reglements und Prinzipien sollten sie jedoch einen Weg zum Einklang mit dem Ganzen suchen. Jungfrau-Geborene sollen darauf achten, dass ihre Ordnungsliebe nicht zu einer Einengung ihres Horizonts führt. Ansonsten könnten sie nämlich auf ihre Mitmenschen überkritisch und intolerant bis penibel wirken. Hat die Jungfrau erst eine Brücke zwischen Sachlichkeit und des Unerklärlichen im Leben gebaut, wird sie ihre Kenntnisse zum Wohl aller Menschen und ihrer Gemeinschaft nützend einsetzen.

Indianisches Tierkreiszeichen: «Braunbär» (23.8. – 22.9.)

Edelstein-Zuordnung: Amethyst

WAAGE

22.9. – 23.10.

Planet: Venus

Element: Luft

Leitsatz: Ich schwanke...
Ich gleiche aus...

Glückssteine: Ametrin – Aquamarin – Beryll – Chrysokoll - Epidot – Rosenquarz – Smaragd – Sugilith – Turmalin

Im Zeichen der Waage geborene Menschen wünschen sich Harmonie von ganzem Herzen. Die Venus als Symbol für die Liebe wirkt sich positiv auf die Waage-Geborenen aus, sie streben Gerechtigkeit, Schönheit und Gleichklang an, und dies wirkt auf ihre Mitmenschen sehr anziehend. Mit Optimismus und Diplomatie, Geselligkeit und Rücksichtnahme machen sie sich zu angenehmen Persönlichkeiten, die in jeder Gesellschaft willkommen sind. Ein grosser Freundeskreis ist für sie selbstverständlich, mit Charme gleichen sie Spannungen aus, sind hilfsbereit und einfallsreich. Trotzdem sie bei ihrer Suche nach dem Ideal auch das perfekte Zusammenleben anstreben, bleiben sie Individualisten, die jedoch ihren Ego nicht über die Beziehung stellen. Um Harmonie zu erhalten, verhalten sie sich anpassungsfähig und kompromissbereit. Sie sollen sich jedoch davor hüten, dass dies zu weit geht und in Selbstaufgabe endet. Bei ihren Entscheidungen müssen sie auch einmal einen Popularitätsverlust in Kauf nehmen und Konflikten nicht aus dem Weg gehen. Waage-Geborene sollten lernen, die Urharmonie in sich selbst zu erkennen, die nicht von äusseren Erscheinungen oder Verhalten abhängig ist, und sich bewusst machen, dass auch negative Erfahrungen notwendig sind um natürliche Harmonie zu erlangen.

Indianisches Tierkreiszeichen: «Rabe» (23.9. – 23.10.)

Edelstein-Zuordnung: Jaspis

SKORPION

24.10. – 22.11.

Planet: Pluto

Element: Wasser

Leitsatz: Ich begehre...
Ich behaupte mich...

Glückssteine: Achat – Amethyst – Bunt-Jaspis – Charoit – Falkenauge – Granat – Hämatit – Heliotrop – Karneol – Magnetit – Malachit – Opal – Rhodocrosit – Rubin – Turmalin

Im Zeichen des Skorpions geborene Menschen sind dafür bekannt, sich durch ihre Gefühle leiten zu lassen, darin aufzugehen. Sie kennen keine Gleichgültigkeit, sie lieben oder hassen. Man kann in ihnen einen verlässlichen, gutmütigen Freund finden, der zu seinem Wort steht wie kein anderer, sie sind aber auch zu unversöhnlicher Feindschaft fähig. Skorpion-Geborene beschäftigen sich gerne mit Problemen, je schwerer die Aufgabe, desto besser. Aus ihren eigenen Vorstellungen können dann Krisen entstehen, die manchmal weite Konsequenzen tragen – und mit denen Menschen dieses Sternzeichens sich wandeln und wachsen, sie werden stärker und unabhängiger. Dabei haben sie in Wirklichkeit das Bedürfnis, ihren Gefühlen nachzugeben und sich mit dem Ganzen zu vereinen. Manche neigen jedoch dazu, vor diesem «Loslassen» zurückzuschrecken. Vor allem mit ihrem Partner wagen sie es oft nicht, sich fallenzulassen, entwickeln Machtbedürfnisse, Misstrauen und Eifersucht. Der Skorpion soll seinen Gefühlen vertrauen, sich ihnen überlassen und seine Krisen als Läuterungsphasen betrachten. Schritt für Schritt gewinnen seine Emotionen an ungeahnter Kraft. Wird diese Energie in eine positive Richtung gelenkt, wirkt sie sich lebensspendend und befreiend auf alles Leben aus.

Indianisches Tierkreiszeichen: «Schlange» (24.10. – 21.11.)

Edelstein-Zuordnung: Malachit

SCHÜTZE

23.11. – 21.12.

Planet: Jupiter

Element: Feuer

Leitsatz: Ich glaube...

Glückssteine: Amethyst – Aventurin – Blau-Topas – Chalcedon – Lapis Lazuli – Obsidian – Onyx – Opal – Sodalith – Topas

Im Zeichen des Schützen geborene Menschen sind geprägt durch einen starken Glauben an eine höhere Gerechtigkeit, einen tieferen Sinn. Selbstbezogenheit verabscheut er, denn er will, dass sich die ganze Menschheit weiterentwickelt – zu einer Form des glücklichen Lebens. Sein Interesse gilt fernen Ländern und fremden Kulturen, Meinungsfreiheit und Unabhängigkeit sind ihm überaus wichtig. Deshalb kümmern ihn auch materielle Fragen meist wenig. Seine Überzeugung und seinen Glauben an das Höhere möchte er gerne mit seinen Mitmenschen teilen. Wegen seiner unbekümmerten Lebensfreude, Wissensbegierde, Optimismus und seinem Mut ist er sehr beliebt. Der Schütze-Geborene verfügt über einen starken Gerechtigkeitssinn, für den er bereit ist einzustehen mit allem was er kann. Seine Gradlinigkeit ist beispielhaft, er bekennt sich zu seiner Meinung und spricht aus Verantwortungsbewusstsein die Wahrheit. Seine Werte sollte der Schütze jedoch nicht von allen Menschen erwarten – dies könnte hochmütig und engstirnig auf seine Freunde wirken. Denn seine eigenen hohen moralischen Massstäbe darf er nicht dazu benutzen, sich über andere zu stellen. Seine Reinheit und sein Interesse für die Lebensphilosophie können Menschen dieses Zeichens zu universellen Kenntnissen führen, die allen nützen.

Indianisches Tierkreiszeichen: «Wapiti» (22.11 – 21.12.)

Edelstein-Zuordnung: Obsidian

STEINBOCK

22.12. – 20.1.

Planet: Saturn

Element: Erde

Leitsatz: Ich leiste...

Glückssteine: Amethyst – Bergkristall – Brecclet-Jaspis – Chrysopras – Labradorit – Mahagoni-Obsidian – Mondstein – Onyx – Turmalin

Im Zeichen des Steinbocks geborene Menschen sind realitätsverbunden, ihr Element ist die Erde, Marterie aller Art. Sie sind pflichtbewusst, auf das Wesentliche konzentriert und verantwortungsbewusst. Selbstbeherrschung, Ausdauer und Zähigkeit sind die Eigenschaften, die Menschen dieses Sternzeichens zugeordnet werden können. Ihr Wunsch, einzuschränken, um das Essentielle sehen zu können, loszulassen, um nur das Wichtige übrigzubehalten, kann diesen Menschen unbegrenzte Klarheit verschaffen. Gewissheit über die Bedeutung, Sinn und Zweck und Einheit mit dem Ganzen können daraus resultieren. Der Steinbock kann sich in seinem Pflichtgefühl aber auch überfordern und es zu einem unerreichbaren Massstab werden lassen, so dass er vergisst, das Leben zu lieben und sich daran zu freuen. Eine Aufgabe zum Wohl des Ganzen kann ihn seine eigene Person hinten anstellen lassen, er wächst über sich hinaus und entwickelt ungeahnte Kräfte bei der Realisation. Eine Erwartungshaltung, deswegen Achtung und Liebe von seinen Mitmenschen zu erhalten, muss er aufgeben. Vielmehr sollte der Steinbock den Gefühlen, Träumen und dem Spirituellen seine Beachtung schenken, damit nicht kühle Sachlichkeit und Besitzliebe ihm den Zugang zu Höherem verwehren. Hat der Steinbock erst gelernt, dass Gefühle nicht zurückgestellt werden dürfen, dass man sie nicht verneinen oder abwehren darf, ist er zu tiefer und dauerhafter Liebe fähig, gepaart mit Klarheit, die ihm den Boden für ein starkes Geborgenheits- und Zusammengehörigkeitsgefühl geben.

Indianisches Tierkreiszeichen: «Schneegans» (22.12. – 19.1.)

Edelstein-Zuordnung: Quarz

WASSERMANN

21.1. – 19.2.

Planet: Uranus

Element: Luft

Leitsatz: Ich forsche…
Ich reformiere…

Glückssteine: Amazonit – Aquamarin – Charoit – Chrysokoll – Fluorit – Onyx – Rauchquarz – Türkis

Im Zeichen des Wassermanns geborene Menschen streben nach Fortschritt und ständiger Erneuerung. Losgelöst von allen einschränkenden Bindungen wollen sie den Weg für Neues frei machen, das Gewohnte durchbrechen. Sie sind aufgeschlossen, tolerant und frei von materialistischer Denkweise. Auch pflegen sie eine philosophische und idealistische Gesinnung, ihre Freundlichkeit und Grosszügigkeit lassen sie zahlreiche Freunde finden. Wir begegnen hier den Reformern, den Forschern und Freidenkern, die sich für Umbrüche und Verbesserungen einsetzen. Die Menschen dieses Zeichens sollen sich davor in Acht nehmen, dass sie sich mit ihren Träumen und Vorstellungen nicht zu weit von der Realität entfernen. Die Alltagspflichten sowie die Verwirklichung ihrer Zielsetzungen sollten nicht wegen höherer Ideale auf der Strecke bleiben. Ihr Bedürfnis nach Freiheit kann zwischenmenschliche Bindungen erschweren. Wassermann-Geborene sind sehr intuitiv veranlagt, ihre Eingebungen sind verblüffend fortschrittlich und ihrer Zeit voraus. Auf dem Weg zur Umsetzung seiner Vorstellungen wird der Wassermann als Vorreiter für humanitären Fortschritt und Weisheit Positives für seine Mitmenschen bewirken.

Indianisches Tierkreiszeichen: «Otter» (20.1. – 18.2.)

Edelstein-Zuordnung: Silber

FISCH

20.2. – 20.3.

Planet: Neptun

Element: Wasser

Leitsatz: Ich dulde...

Glückssteine: Ametrin – Aquamarin – Azurit – Fluorit – Jade – Labradorit – Rauchquarz – Roter Jaspis – Saphir – Sugilith – Türkis

Im Zeichen des Fisches geborene Menschen haben oft Zugang zu Immanentem, dem «Nicht-sichtbaren» – neben der äusseren Welt. Sie erkennen die Tiefe ihrer Natur und handeln vielfach intuitiv, auf ihre eigene innere Stimme hörend. Ihre schillernden Träume und Phantasien sind reich und viele Fisch-Geborene verspüren das Bedürfnis, sich künstlerisch auszudrücken. Ihr Charakter ist einfühlsam und verständnisvoll, oft kümmern sie sich selbstlos um ihre Mitmenschen, und man findet sie nicht selten in sozialen Berufen. Sie müssen ihre Tiefe und Empfänglichkeit für Spirituelles akzeptieren, um nicht durch ihre Sensibilität dem Leben und seinen Härten ausgeliefert zu sein. Finden sie einen Weg, sich der Beeinflussung durch ihr Umfeld zu entziehen und auf ihre eigenen Ahnungen zu hören, eröffnen sich ihnen höchste Lebensfreude und Liebe. Fisch-geborene Menschen sind durch ihre Offenheit in der Lage, Menschen so zu akzeptieren, wie sie sind, entfliehen so der Einsamkeit und fühlen klar die Allverbundenheit auf Erden. Ihre dadurch entstehende Lebenskraft wirkt heilsam auf alles was damit in Berührung kommt.

Indianisches Tierkreiszeichen: «Puma» (19.2. – 20.3.)

Edelstein-Zuordnung: Türkis

DIE 7 CHAKREN

Der Name «Chakra» entspringt dem altindischen Sanskrit und bedeutet soviel wie «Rad». Menschen, die hellsichtige sind, nehmen Chakren als trichterförmige Wirbel wahr. Unsere Persönlichkeit, unser Sein wird durch viele verschiedene, feinstoffliche Energien beeinflusst, ohne die ein Leben in der uns bekannten Form nicht möglich wäre. Dies sind zum Beispiel Gedanken und Empfindungen aller Art.

Über die Chakren nimmt der Körper des Menschen die verschiedensten Energien auf und strahlt diese auch wiederum aus. Wir sind also grossen Einflüssen ausgesetzt, aber auch in der Lage, die uns umgebende Atmosphäre zu beeinflussen. Jedes der 7 Chakren ist geprägt von einem bestimmten Aspekt des Verhaltens und der Entwicklung der Menschen. Die unteren, langsam schwingenden Energien des Chakras sind z.B. mit Grundbedürfnissen und Emotionen verbunden, währenddessen die oberen Chakren den geistigen und spirituellen Fähigkeiten des Menschen entsprechen.

Durch eine schlimme Kindheit kann der Mensch schon in jungen Jahren die Erfahrung der Liebe und Kraft, des Verwurzeltseins mit der Schöpfung verlieren. Unbewusste Ängste, nicht verarbeitete Erlebnisse oder emotionale Belastungen können die Chakren blockieren oder verzerren. Diese Disharmonien können sich psychisch wie physisch auswirken. Durch Harmonisierung, Aufarbeitung und Aktivierung der Chakren können wir die Energie jedoch wieder zurückgewinnen.

Werden die Chakren belebt, erstrahlen und pulsieren sie, man kann ihren Energiefluss spüren. Um sie zu beschreiben, könnte man sagen, sie gleichen kleinen Kreisen, die leicht glühen oder strahlen.

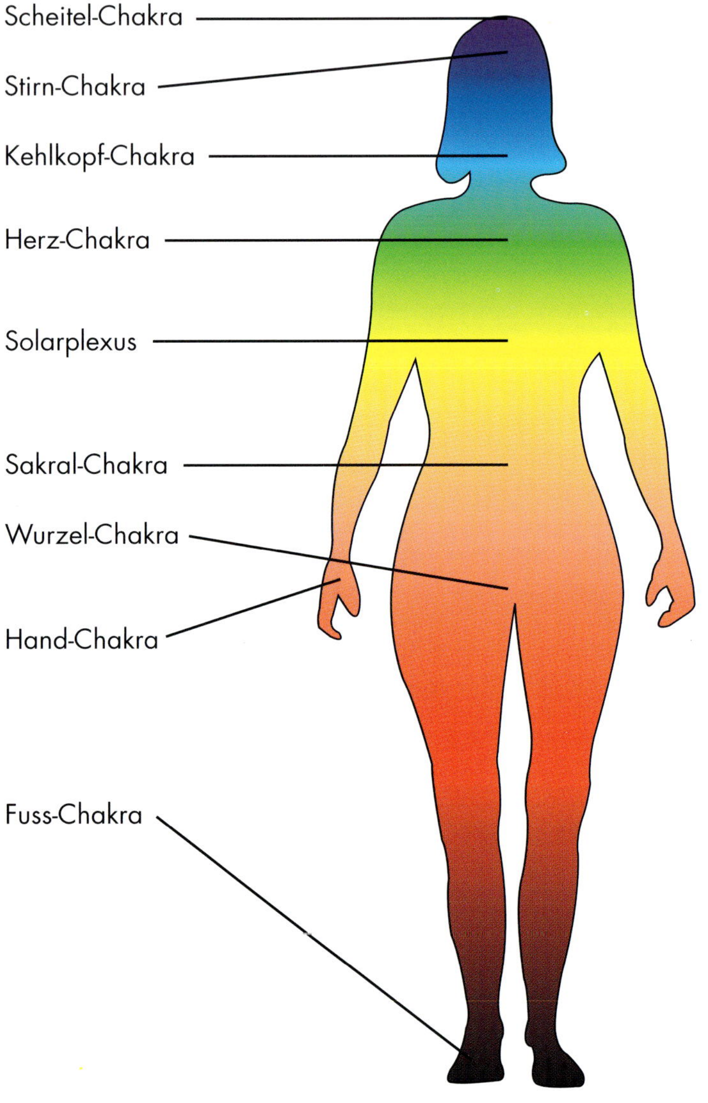
Scheitel-Chakra
Stirn-Chakra
Kehlkopf-Chakra
Herz-Chakra
Solarplexus
Sakral-Chakra
Wurzel-Chakra
Hand-Chakra
Fuss-Chakra

ERSTES CHAKRA

Das Wurzelchakra, auch Basis-Zentrum genannt, birgt unsere Lebenskraft, den Grund für alles Sein. Dort fühlen wir unsere Verbundenheit mit der Erde und dem Universum, Vertrauen in die Ur-Gesetze der Ewigkeit. Aus dem Wurzelchakra beziehen wir Gleichgewicht, Harmonie und die Kraft, unsere Vorstellungen zu verwirklichen.

Position:	Nach unten geöffnet, im Genitalbereich
Farbe:	Rot
Edelstein-Zuordnung:	Brecclet-Jaspis – Bunt-Jaspis – Falkenauge – Granat – Hämatit – Landschafts-Jaspis – Mookait – Roter Jaspis – Rubin – Schwarzer Turmalin

ZWEITES CHAKRA

Das Sakralchakra, auch Kreuzzentrum genannt, stellt das Zentrum unserer Sexualität dar. Es beinhaltet den Ursprung der Sinnlichkeit, Erotik und anderer natürlicher Gefühle. Auch Naturverbundenheit und Kreativität, den Lebensfluss fühlen wir dort.

Position:	Nach vorne geöffnet, im Lendenbereich
Farbe:	Orange
Edelstein-Zuordnung:	Achat – Roter Beryll – Orangecalcit – Karneol – Leoparden-Jaspis – Mondstein – Rhodonit

DRITTES CHAKRA

Das Solar-Plexus-Chakra, auch Nabelzentrum genannt, birgt unseren Charakter, unsere Persönlichkeit. Bewusster Wille, Lebensgestaltung und Vorstellungen entspringen ihm. Unsere Erfahrungen und Emotionen beeinflussen diesen Bereich.

Position:	Nach vorne geöffnet, im Nabelbereich
Farbe:	Gelb, goldgelb
Edelstein-Zuordnung:	Ametrin – Bernstein – Gelbcalcit – Citrin – Epidot – Gold-Topas – Landschafts-Jaspis – Magnsit – Pyrit – Rutilquarz – Tigerauge – Tigereisen – Topas – Versteinertes Holz

VIERTES CHAKRA

Das Herz-Chakra stellt das Zentrum der Liebe dar. Wir fühlen dort Zuneigung und Hingabe und nehmen Schönheit wahr. Auch das Gefühl des Mitleids und Einfühlungsvermögen basieren in diesem Chakra. Alle Harmonie vereint sich dort.

Position:	Nach vorne geöffnet, auf Höhe des Herzens In der Mitte der Brust
Farbe:	Grün und rosa
Edelstein-Zuordnung:	Amazonit – Aventurin – Beryll – Grüncalcit – Chrysokoll – Chrysopras – Epidot – Heliotrop – Jade – Kunzit – Malachit – Moosachat – Peridot – Rhodocrosit – Rhodonit – Rosenquarz – Rubin – Smaragd – Grüner Turmalin – Zoisit

FÜNFTES CHAKRA

Das Kehlkopf-Chakra, auch Hals-Chakra genannt, ist das Zentrum der Kommunikation. Unsere Gedanken, Gefühle und Ideen werden ausgedrückt. Kreativität entsteht dort, aber auch unsere innere Stimme, Intuition.

Position:	Nach vorne geöffnet im Halsbereich
Farbe:	Hell- oder grünblau
Edelstein-Zuordnung:	Aquamarin – Blau-Topas – Blaucalcit – Chalcedon – Dumortierit – Türkis

SECHSTES CHAKRA

Das Stirn-Chakra, auch Drittes Auge genannt, birgt Geist und Verstand des Menschen. Es befähigt uns zur Visualisation, wenn es aktiviert und trainiert wird. Dort werden aus Informationen persönliche Erkenntnisse, Prinzipien, Willen.

Position:	Nach vorne geöffnet, über der Nasenwurzel
Farbe:	Indigo-blau (auch gelb und violett)
Edelstein-Zuordnung:	Apatit – Azurit – Diamant – Dumortierit – Falkenauge – Lapis-Lazuli – Saphir – Sodalith

SIEBTES CHAKRA

Das Scheitel-Chakra, auch Kronen-Chakra genannt, ist das höchste Zentrum. Es beinhaltet höchstes Vertrauen, Vereinigung mit dem Universum und Vollendung.

Position:	Nach oben geöffnet, oben auf dem Kopf
Farbe:	Violett, weiss
Edelstein-Zuordnung:	Amethyst – Ametrin – Azurit – Diamant – Fluorit – Magnetit – Opal

Die Eigenschaften der Mineralien

1. Ritzhärte u.a. Eigenschaften
2. Zusammensetzung
3. Entstehung
4. Erscheinungsform

1. Ritzhärte – Mohs'sche Härteskala

Ein wichtiges Bestimmungsmerkmal der Mineralien ist neben der Strichfarbe auch seine Härte. Talk und Diamant stehen an erstem und letztem Rang in der Härteskala die vor über 150 Jahren vom Wiener Mineralogen Friedrich Mohs eingeführt wurde. Die Härte lässt sich durch die in der Tabelle beschriebenen Testmöglichkeiten grob feststellen. Zur Bestimmung eines unbekannten Minerals nimmt man einen Stein mittlerer Härte aus der Skala und versucht, die Probe zu ritzen. Mittels weiterer Versuche kann man dann die Härte eingrenzen. Zur ungefähren Einschätzung genügen Fingernagel, Messer und ein Stück Glas.

Vergleichsmineral	Mohs'sche Härte	Härteprüfmittel
Talk	1	Fingernagel schabt
Gips	2	Fingernagel ritzt
Calcit	3	Kupferstift ritzt
Fluorit	4	Messer ritzt leicht
Apatit	5	Messer ritzt noch
Feldspat	6	Stahlfeile ritzt
Quarz	7	Ritzt Glas
Topas	8	Ritzt Glas
Korund	9	Ritzt Glas
Diamant	10	Ritzt Glas

Neben Mohs'scher Härteskala gelten Strichfarbe, Tenazität, Dichte und Spaltbarkeit als weitere Bestimmungsmerkmale für Mineralien.

Unter Strichfarbe versteht man die Spur, die das zu bestimmende Mineral auf einer weissen, unglasierten Porzellantafel beim Darüberstreichen hinterlässt. Edelsteine, die härter als diese sogenannte «Strichtafel», also härter als 6 sind, erzeugen keinen echten Strich, sondern hinterlassen eine weisse Spur vom Material des Porzellans. Einfach zu bestimmen sind die eigenfarbigen Mineralien, die Strichfarbe stimmt mit der Mineralfarbe überein. Fremdfarbige Mineralien sind hingegen schwerer zu bestimmen. In diesem Falle ist die Farbe durch Fremdeinlagerungen im Kristallbau bestimmt, und nicht charakteristisch für die Mineralart. Bei der Farbzuordnung pro Stein haben wir uns bemüht, die verschiedenen, auftretenden Farbrichtungen so komplett wie möglich aufzuzählen. Dennoch sind Farbeindrücke individuell verschieden.

Unter Tenazität versteht man die Sprödigkeit, Dehnbarkeit und Elastizität der Mineralien. Es wird geprüft, wie sich diese beim Ritzen und Biegen verhalten. In diesem Zusammenhang werden auch Spaltbarkeit und Bruch der Probe festgestellt. Fallen Mineralien nach einem Schlag oder Druck mit unregelmässigen Flächen auseinander, nennt man dies Bruch, weisen sie ebene Bruchstellen auf, sprechen wir von Spaltbarkeit. Die Spaltbarkeitsstufen gehen von «sehr vollkommen» über «vollkommen» und «unvollkommen» bis zu «keine Spaltbarkeit". Diese Eigenschaft sowie die Richtung des Spaltens ist für die Bearbeitung der Steine von grösster Bedeutung.

Dichte oder spezifisches Gewicht (g/cm^3) bezeichnet das Gewicht eines Stoffes in bezug auf das Gewicht des gleichen Volumens Wasser. Sie schwankt zwischen 1 und 20. Bernstein mit Dichte 1,0 gilt als leicht, Calcit mit 2,7 als normal, alle Mineralien über 2,9 gelten als Schwermineralien.

Zur Bestimmung der Dichte nimmt der Sammler ein Stück dessen Dichte ihm bekannt ist. Dann nimmt er ein etwa gleich grosses Stück vom unbekannten Mineral und vergleicht. Als Vergleichswert nimmt man zum Beispiel einen Quarz (Dichte 2,65) oder Hämatit (Dichte 5,3).

2. Zusammensetzung

Kristalle sind feste chemische Substanzen, deren Atome nach einem einheitlichen Schema, dem sogenannten Kristallgitter, angeordnet sind. Der Fachmann nimmt die Einteilung nach ihrer chemischen Zusammensetzung und Struktur in Gruppen vor. Diese Gruppierung umfasst 9 Klassen.

I. Klasse: Elemente
Mineralien, die nur aus einem Element bestehen (z.B. Diamant, Gold, Silber).

II. Klasse: Sulfide
Verbindungen von Schwefel mit anderen Elementen (z.B. Pyrit, Zinkblende).

III. Klasse: Halogenide
Verbindungen von Metallen mit den Halogenen Fluor, Chlor, Brom und Jod (z.B. Fluorit).

IV. Klasse: Oxide und Hydroxide
Oxide sind Verbindungen von Elementen mit Sauerstoff (z.B. Quarz, Hämatit). Hydroxide sind Verbindungen mit der Hydroxylgruppe OH.

V. Klasse: Nitrate, Carbonate, Borate
Nitrate sind Verbindungen von Elementen mit der Gruppe NO3. Karbonate sind Verbindungen von Elementen mit der Gruppe CO3 (z.B. Magnesit).

VI. Klasse: Sulfate, Chromate, Wolframate
Sulfate sind Verbindungen von Elementen mit der Sulfatgruppe SO4.

VII. Klasse: Phosphate, Arsenate, Vanadate
Phosphate sind Verbindungen von Elementen mit der Gruppe PO4

VIII. Klasse: Silikate
Silikate sind Verbindungen von Elementen mit Silicium und Sauerstoff (z.B. Beryll, Chrysokoll, Lapis Lazuli).

IX. Klasse: Organische Verbindungen
sind eher selten (z.B. Bernstein).

3. Entstehung

Mineralien sind auf natürliche Weise entstandene chemische Substanzen fester Konsistenz. Sie entstehen auf viele verschiedene Arten, die meisten benötigen viele tausende bis hunderttausende Jahre für ihr Werden.

Ursache für die Entstehung eines Minerals kann die Übersättigung einer Lösung oder eines Dampfes sein. Dies vollzieht sich im Bereich einer glutflüssigen Masse (Schmelze), dem sogenannten Magma, oder in der Nähe der Erdoberfläche sowie in der Erdkruste durch umwandelnde Kräfte. Der Fachmann spricht also von der magmatischen, der sedimentären oder der metamorphen Abfolge der Entstehung.

Unter **magmatischer Abfolge** versteht man grob zum Beispiel das Entstehen von Quarz beim Abkühlen der Gesteinsschmelze in der Erdkruste bei Temperaturen zwischen 550 – 1100°C.

Die **sedimentäre Abfolge** vollzieht sich bei Zerstörung, Verwitterung oder Neubildung von Gestein an oder nahe der Erdoberfläche. Wasser, Kohlendioxid und Sauerstoff sickern tiefer und bewirken in Zusammenarbeit mit dem Grundwasser Mineralneubildungen.

Eine **metamorphe Abfolge** vollzieht sich in tieferen Teilen der Erdkruste. Werden Gesteine bei gebirgsbildenden Vorgängen verlagert, entstehen aus der Zusammenwirkung Druck und Temperatur durch die Umbildung von vorhandenen Mineralien neue.

Als **Paragenese** bezeichnet man die komplizierten chemischen und physikalischen Vorgänge, die zur Bildung eines Minerals führen.

4. Erscheinungsform

Kristallklassen beziehen sich auf die Symmetrie der Kristalle. Die Unterscheidung nach 32 solchen Klassen überlässt man besser dem Fachmann. Für den Mineralienliebhaber oder Sammler genügt die Unterteilung in die sieben **Kristallsysteme.**

1. Kubisches System:	z.B. Würfel, Oktaeder
2. Tetragonales System:	z.B. vierseitige Prismen und Pyramiden
3. Hexagonales System:	z.B. sechsseitige Prismen, Doppelpyramiden
4. Trigonales System:	z.B. dreiseitige Prismen und Pyramiden
5. Rhombischen System:	z.B. rhombische Prismen und Pyramiden
6. Monoklines System:	z.B. Basispinakoide
7. Triklines System:	alle 3 Achsen sind ungleich lang und gegeneinander geneigt

Unter **Tracht** versteht man die Gesamtheit der bei einem Kristall vorhandenen Flächen, die entweder einfach sind (z.B. Würfel) oder aus Kombinationen mehrerer Kristallformen bestehen.

Unter **Habitus** versteht man die Gestalt der Kristallausbildung (z.B. taflig, nadelig oder haarförmig).

Zwillinge sind zwei Kristalle der gleichen Art und Form, die gesetzmässig miteinander verwachsen. Unterschieden wird zwischen Kontaktzwillingen und Durchdringungszwillingen (Penetrationszwillinge).

Mineral-Aggregate sind unregelmässige Verwachsungen von Kristallen der gleichen Art. Diese Aggregate können z.B. spätig, körnig, dicht, stenglig, blättrig, büschlig, rosettenartig, krustig oder erdig sein.

Als **Pseudomorphosen** bezeichnet man Mineralgebilde in Formen, die ihnen eigentlich nicht zustehen. Sie entstehen dadurch dass unter einer Überdeckung Kristalle gelöst und der entstehende Raum dann unter Beibehaltung der Form von einer anderen Substanz gefüllt wird.

Indianer aus Lapislazuli

FÄLSCHUNGEN

Um den Mineralien-Interessierten so umfassend wie möglich informieren zu können, muss unserer Meinung auch das eher leidige Thema «Fälschungen» behandelt werden. Damit beim Einkauf von Mineralien nicht danebengegriffen wird, wollen wir gerne aufzählen, worauf man achten sollte.

Um Qualität und Farbe der Edelsteine zu verbessern, wird oft nachgeholfen oder gefälscht. Es ist vor allem beim Kauf in Indien, Brasilien, Sri Lanka oder ganz allgemein bei Strassenhändlern Vorsicht geboten. Da wird Topas, der bei gleicher Farbe wesentlich billiger ist, als Aquamarin verkauft. Beim Aquamarin wird mitunter durch Bestrahlung eine schönere blaue Farbe herausgeholt, was aber nur von einem Fachmann festgestellt werden kann. Auch kommt es vor, dass Granate als Rubin verkauft werden.

Der Türkis ist ebenfalls starken Manipulationen ausgesetzt. Da er von Natur aus ein sehr poröser Stein ist, wird er gerne stabilisiert. Manche Steine werden für ihre Verkäuflichkeit einfach nachgefärbt. Dies kommt z.B. vor beim Türkis, bei Lapis-Lazuli, Rosenquarz, Amethyst oder beim Sodalith. Erscheint die Farbe «zu schön», zu gleichmässig, besteht Anlass zum Verdacht. Zur Feststellung von Nachfärbungen empfehlen wir einen einfachen Test: verwenden Sie einen Wattebausch und Nagellackentferner oder Nitroverdünner und reiben Sie am Stein. Ist die Farbe künstlich, geht sie ab.

In vielen Ländern werden schöne Schmucksteine, vor allem faccetiert, angeboten. Bei manchen handelt es sich schlicht um gefärbtes Glas. Da ist dann die Enttäuschung besonders gross, wenn man zurück in der Heimat vom Juwelier oder Fachmann den Reinfall erfährt. In diesem Fall wurde das Portemonnaie unnötig beansprucht.

Einen wichtigen Aspekt bei den Edelsteinen bildet die natürliche Entstehung: Alles was vom Menschen hergestellt wird, vom Kristallglas bis zum künstlichen Diamanten, ist kein Mineral, auch wenn es der chemischen Formel durchaus entsprechen würde. Hier gilt vor allem Vorsicht beim Kauf von Bernstein, denn es werden Varianten angeboten, die nicht der Natur entspringen.

Beim Bernstein kommt es vor, dass er gepresst oder gar aus Plastik auf den Markt gebracht wird. Durch Erhitzung erreicht man, dass ein trüber Bernstein klar wird. Zur Feststellung eines Betruges gibt es einige Möglichkeiten. Man hält ihn unter UV-Licht, wenn er echt ist, sollte er reflektieren. Oder man reibt ihn an einem Stück Stoff, dann müsste sich der echte Bernstein statisch aufladen und kleine Partikel wie z.B. kleine Papierfetzen anziehen. Wenn man ihn anzündet, so sollte er brennen und muss nach Harz riechen. Riecht er nach Plastik, so treten Sie vom Kauf zurück.

Zu besonderer Vorsicht ist bei sogenannten Notverkäufen von Diamanten oder Edelsteinschmuck geboten. Lassen Sie diese zuerst vom Fachmann prüfen, bevor Sie einen Kauf tätigen. Allgemein raten wir, Mineralien nur in autorisierten und fachkundigen Geschäften zu kaufen.

Zum Schluss möchten wir noch erwähnen, dass die Wirkung der Edelsteine nicht von einer bestimmten Form abhängig gemacht werden kann. Wenn Sie sich also dazu entschlossen haben, einen Stein kennenzulernen, seiner individuellen Wirkung eine Chance zu geben, so entscheiden Sie sich frei für eine Form, die Ihnen entspricht. Ob dies nun ein Rohstein, Handschmeichler, eine Kette, ein Anhänger oder eine Kugel sein wird, überlassen wir Geschmack und Freude des Mineralienfreundes.

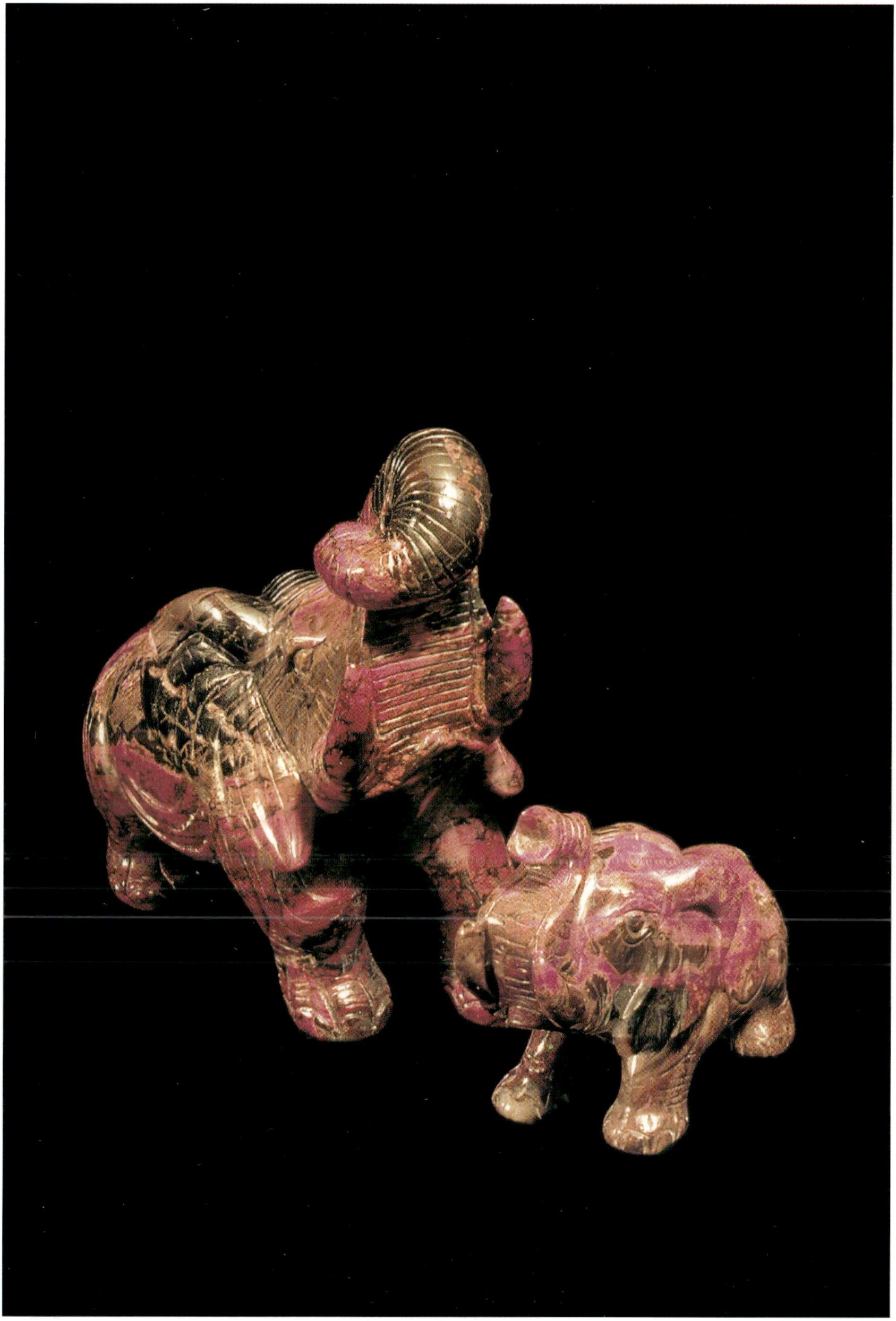

Elefanten aus Sugilith

Notizen

Notizen